In der gleichen Reihe erschienen:

Wir freuen uns über Ihr Interesse an diesem Buch. Gerne stellen wir Ihnen kostenlos
zusätzliche Informationen zu diesem Programmsegment zur Verfügung.

Bitte sprechen Sie uns an:

E-Mail: walhalla@walhalla.de
http://www.walhalla.de

Walhalla Fachverlag · Haus an der Eisernen Brücke · 93042 Regensburg
Telefon (09 41) 5 68 40 · Telefax (09 41) 56 84 111

Klaus Preyer

PRAXIS-RATGEBER
NACHBARRECHT

Streit vermeiden – richtig handeln

WALHALLA
FACHVERLAG

Die Deutsche Bibliothek – CIP-Einheitsaufnahme

Preyer, Klaus:
Praxis-Ratgeber Nachbarrecht : Streit vermeiden – richtig handeln / Klaus Preyer. –
Regensburg ; Berlin : Walhalla-Fachverl., 2000
  (Geld & Gewinn)
  ISBN 3-8029-3723-6

Zitiervorschlag:
Klaus Preyer, Praxis-Ratgeber Nachbarrecht
Regensburg, Berlin 2000

Hinweis: Unsere Ratgeber sind stets bemüht, Sie nach bestem Wissen zu informieren.
Die vorliegende Ausgabe beruht auf dem Stand von September 2000. Verbindliche Auskünfte
holen Sie gegebenenfalls bei Ihrem Rechtsanwalt ein.

© Walhalla u. Praetoria Verlag GmbH & Co. KG, Regensburg/Berlin
  Alle Rechte, insbesondere das Recht der Vervielfältigung und Verbreitung
  sowie der Übersetzung, vorbehalten. Kein Teil des Werkes darf in irgendeiner Form
  (durch Fotokopie, Datenübertragung oder ein anderes Verfahren) ohne schriftliche
  Genehmigung des Verlages reproduziert oder unter Verwendung elektronischer
  Systeme gespeichert, verarbeitet, vervielfältigt oder verbreitet werden.
  Produktion: Walhalla Fachverlag, 93042 Regensburg
  Umschlaggestaltung: Gruber & König, Augsburg
  Druck und Bindung: Westermann Druck Zwickau GmbH
  Printed in Germany
  ISBN 3-8029-3723-6

Nutzen Sie das Inhaltsmenü:
Die Schnellübersicht führt Sie zu Ihrem Thema.
Die Kapitelüberschriften führen Sie zur Lösung.

Schnellübersicht

Schnellübersicht

Nachbarrechtliche Probleme erfolgreich meistern

Es ist immer das gleiche „Spiel". Plötzlich und unerwartet erfährt man, dass die Stadt plant, einen Sammelplatz für Altglas einzurichten. Und das – ausgerechnet! – direkt hinterm eigenen Haus!

Oder man wird darüber informiert, dass ein rücksichtsvoller Mitbürger neben dem Grundstück einen Güllebehälter aufstellen will.

Oder man hört – zumeist „um fünf Ecken" – dass Handelsvertreter X beabsichtigt, einem eine Windenergieanlage direkt vor die Nase zu setzen, dass er gar schon eine Baugenehmigung haben soll.

Oder aber man bekommt von einer Behörde den Bescheid, dass der Antrag zur Verschönerung der Hausfassade abgelehnt worden ist, dass die bevorzugte „eigenwillige" Dachform keine Gnade vor den Augen der Beamten findet.

Ziel dieses Buchs

Das Buch soll jenen beistehen, die von Behörden usw. vor vollendete Tatsachen gestellt oder gar im Stich gelassen werden und sich – zuerst ohne Rechtsanwalt – zur Wehr setzen wollen.

Allen, die zu einem „Kampf" gegen Ämter, Nachbarn usw. gezwungen sind, sollen Hilfen an die Hand gegeben werden, möglichst erfolgreich aus einer Auseinandersetzung hervorzugehen.

Fragen, die sich bei der Durchsetzung Ihrer Anliegen unweigerlich stellen und im Folgenden beantwortet werden sollen:

- Wie verfasse ich Widersprüche, Klagen, Einwände usw.?
- Wie baue ich einen Einspruch, wie meinen Klageantrag auf?
- Wo muss ich meine Bedenken anmelden?
- Welche Fristen sind jeweils zu beachten?

- Mit welchen Kosten ist im Einzelfall zu rechnen?

- Wo finden wir einen kompetenten Rechtsbeistand?

- Wie trennen wir uns notfalls von einem unfähigen Anwalt?

- Wie verfassen wir eine Dienstaufsichtsbeschwerde?

- Wann ist eine eidesstattliche Versicherung angebracht?

Dieser Ratgeber ist kein Rezeptbuch für „Prozesshanseln", die begierig nach Streitpunkten suchen und alles daran setzen, ihren Mitmenschen mit ihrer Gartenzwergmentalität das Leben schwer zu machen.

In jedem Miteinanderleben gibt es kleine und große Probleme, belanglose Steinchen und beträchtliche Steine des Anstoßes. Diese sind nicht durch Regeln und Rezeptbücher aus der Welt zu schaffen, sondern nur mit Toleranz, Verständnis und Kompromissbereitschaft.

Zeiten wandeln sich, Menschen und ihre Bedürfnisse, Städte und Dörfer verändern sich. Man kann und sollte nicht jeden Fortschritt bekämpfen, nicht jedes Gebäude, jeden Betrieb, jede Garage auf dem Nachbargrundstück ablehnen. Wir leben von Menschen und mit Menschen, mit denen wir nach Möglichkeit auskommen sollten.

Mit der Weiterentwicklung gehen aber auch gravierende Eingriffe einher, die die Lebensqualität der Menschen empfindlich beeinflussen und z. T. unzumutbar stören. Das über viele Jahre angesparte und mit großer Entbehrung gestaltete eigene Haus wird plötzlich völlig wertlos und praktisch unbewohnbar, wenn auf einmal direkt daneben ein „Einkaufspark" mit 900 Parkplätzen nebst Tiefgarage errichtet wird.

Wo finden wir noch einen Käufer für unser Landhaus, wenn es plötzlich im Schatten einer riesigen Windenergieanlage liegt? Wer kommt noch in unsere liebevoll eingerichtete Ferienwohnung, wenn in den Flaschencontainer unter unserem Balkon zu allen möglichen Zeiten Flaschen donnern?

Dagegen sollte man sich zur Wehr setzen. Und dabei will dieser Ratgeber helfen.

Bei der Beschreibung der Maßnahmen gegen Verwaltungsakte greife ich beispielhaft die typische Vorgehensweise heraus, die bei solchen Auseinandersetzungen oftmals die Regel ist:

- Herr X erhält eine Baugenehmigung für ...

- Nachbar Y wendet sich gegen diese Genehmigung und erklärt, diese verletze baurechtliche Vorschriften, sie sei daher rechtswidrig. Zudem werde er als Nachbar in seinen Rechten verletzt, die Genehmigung habe nachbarschützende Bestimmungen verletzt. Herr Y legt daher Widerspruch gegen die Baugenehmigung ein.

- Dieser Widerspruch wird zurückgewiesen, so dass Herr Y Klage vor dem Verwaltungsgericht einreichen muss.

- Gewinnt Nachbar Y, legt Bauherr X Berufung ein.

- Verliert Nachbar Y, geht er ...

Der für vergleichbare Fälle „klassische" Weg durch die Instanzen wird beispielhaft an dem Kampf gegen eine Windenergieanlage (WEA) dargestellt. Die in diesem Zusammenhang angeführten Urteilsauszüge, Einwendungen der Behörde usw. sind nicht am „grünen Tisch" konstruierte wirklichkeitsfremde Beispiele, sondern sie orientieren sich an eigenen Erlebnissen und Erfahrungen.

Prof. Dr. Klaus Preyer

Schwerpunkte des Ratgebers

Die Kapitel des Buches ergeben sich zwangsläufig aus der vorgeschriebenen Abfolge von Maßnahmen gegen Verwaltungsakte und
Behördenentscheidungen:

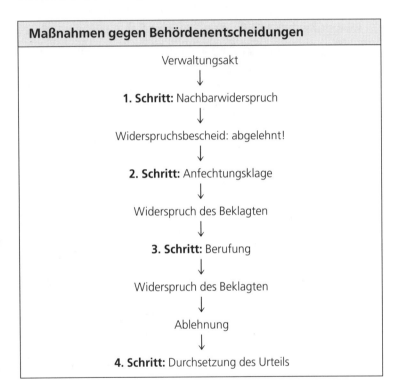

Maßnahmen gegen Behördenentscheidungen

Verwaltungsakt
↓
1. Schritt: Nachbarwiderspruch
↓
Widerspruchsbescheid: abgelehnt!
↓
2. Schritt: Anfechtungsklage
↓
Widerspruch des Beklagten
↓
3. Schritt: Berufung
↓
Widerspruch des Beklagten
↓
Ablehnung
↓
4. Schritt: Durchsetzung des Urteils

1. Kapitel: Rechte und Pflichten des Nachbarn

Sie erfahren von einem Bauvorhaben, dessen Realisierung für Sie
unweigerlich zu nicht zumutbaren Belästigungen und Einschrän-
kungen führen würde. Oder ein regelungswütiger Beamter lehnt
einen Antrag aus unverständlichen Gründen ab.

Im ersten Moment denken Sie weder an Beschweren noch an Klagen, Sie wollen lediglich Genaueres wissen bzw. die Gründe für die Ablehnung Ihres Antrages kennen lernen und fragen z. B.:

Kann man den Flaschencontainer nicht dreißig Meter entfernt aufstellen? Dort würde der Krach zudem niemanden stören.

Die Antwort lautet zumeist: „Nein, das geht nicht! Eine Abänderung der Entscheidungen und der Pläne ist nicht möglich."

Eingeständnisse von Fehlern und Fehlentscheidungen – niemals. Somit müssen Sie sich notgedrungen zur Wehr setzen.

Zuerst aber sollten Sie wissen, wogegen Sie mit Aussicht auf Erfolg angehen können und welche Beeinträchtigungen Sie aushalten müssen. Antworten auf diese Fragen stehen im Mittelpunkt des 1. Kapitels; zwei Checklisten geben dabei Hilfestellung.

2. Kapitel: Nachbarwiderspruch

Ab jetzt ist der Weg, den Sie gehen müssen, vorgezeichnet. Er beginnt mit dem Vorverfahren, dem Nachbarwiderspruch.

Schwerpunkte dieses Kapitels: Form, Inhalt und Begründung des Nachbarwiderspruchs, Nachteile der Nachbarunterschrift, Widerspruchsbescheid und Dienstaufsichtsbeschwerde; mit sieben Checklisten und vier Musterbriefen bzw. -anträgen.

3. Kapitel: Kampf um die Nutzungsuntersagung – erste Runde

Ihr Nachbarwiderspruch hat aufschiebende Wirkung: Der Betrieb der von Ihnen beanstandeten Anlage ist vorerst untersagt. Daher versucht der Kontrahent umgehend, die Nutzungsuntersagung aufheben zu lassen. Das Hin und Her – Antrag des Betreibers – Gegenantrag des Klägers – Entscheidung des Gerichts der ersten Instanz – ist Gegenstand dieses Kapitels. Zwei Musteranträge sollen Ihr Bemühen um die Stilllegung erleichtern.

4. Kapitel: Rechtsvertretung

Nach der Zurückweisung Ihres Widerspruchs wollen Sie das Verwaltungsgericht anrufen. Doch zuerst sollten Sie sich mit der Frage befassen, ob und ggf. durch wen Sie sich vor Gericht vertreten lassen. In diesem Kapitel finden Sie Antworten auf Fragen wie: Anwaltszwang oder Wahlfreiheit? Wer ist der geeignete Anwalt für mein Anliegen? Wie finde ich ihn? Mit welchen Gebühren muss ich rechnen? Dazu das Muster einer Honorarvereinbarung.

5. Kapitel: Anfechtungsklage

Schwerpunkte des Kapitels: Formalien, Erfolgsaussichten, Aufbau einer Anfechtungsklage, Glaubhaftmachung durch Erklärung an Eides statt, Urteil und Gerichtskosten. Mit zwei Checklisten, zwei Formulierungsvorschlägen und einem Urteilsbeispiel.

6. Kapitel: Kampf um die Nutzungsuntersagung – zweite Runde

Bau bzw. Betrieb der beanstandeten Anlage gehen trotz des Urteils vorerst weiter. Weitergehen muss somit auch der Kampf um die aufschiebende Wirkung, diesmal vor dem Oberverwaltungsgericht.

Hilfen bei diesem Kampf: eine Checkliste und ein Musterantrag.

7. Kapitel: Berufung beim Oberverwaltungsgericht

Das Urteil der ersten Instanz wird vom Unterlegenen zumeist nicht akzeptiert; es wird umgehend Berufung eingelegt. Und schon geht die Auseinandersetzung vor dem Oberverwaltungsgericht weiter.

8. Kapitel: Durchsetzung des Urteils

Noch immer ist man nicht am guten Ende angekommen. Die vom Gericht gerügte Schrottmühle wird nicht stillgelegt und die Windenergieanlage nicht abgebaut. Somit folgt notgedrungen der Kampf um die Verwaltungsvollstreckung des Urteils.

Am Schluss des Buches finden Sie Begriffserklärungen in einem Glossar, Literaturangaben, hilfreiche Adressen und ein detailliertes Stichwortverzeichnis.

Abkürzungen

a. a. O.	am angegebenen Ort
Art.	Artikel
Abs.	Absatz
Anm.	Anmerkung
Aufl.	Auflage
BauGB	Baugesetzbuch
BauO	Bauordnung
bes.	besonders
BGB	Bürgerliches Gesetzbuch
BGBl	Bundesgesetzblatt
BGH	Bundesgerichtshof
BGHZ	BGH-Sammlung in Zivilsachen
BImSchG	Bundes-Immissionsschutzgesetz
BRAGO	Bundesgebührenordnung für Rechtsanwälte
BVerfG	Bundesverfassungsgericht
BVerwG	Bundesverwaltungsgericht
dB(A)	Dezibel
G	Gesetz
GG	Grundgesetz
GKG	Gerichtskostengesetz
GMBl	Gemeinsames Ministerialblatt der Bundesregierung
GO	Gemeindeordnung
i. d. F.	in der Fassung
JW	Juristische Wochenschrift
LBO	Landesbauordnung Schleswig-Holstein
Lit.	Literatur
LVwG	Landesverwaltungsgesetz Schleswig-Holstein
LVwVfG	Landesverwaltungsverfahrensgesetz Schleswig-Holstein
NJW	Neue Juristische Wochenschrift

NVwZ	Neue Zeitschrift für Verwaltungsrecht
OVG	Oberverwaltungsgericht
OWiG	Ordnungswidrigkeitengesetz
RAK	Rechtsanwaltskammer
StGB	Strafgesetzbuch
UBA	Umweltbundesamt
UmweltR	Umweltrecht (Zeitschrift)
VA	Verwaltungsakt
VDI	Verband deutscher Ingenieure
VG	Verwaltungsgericht
VwGO	Verwaltungsgerichtsordnung
VwVfG	Verwaltungsverfahrensgesetz
VwVG	Verwaltungsvollstreckungsgesetz
WEA	Windenergieanlage
zit.	zitiert nach
ZMR	Zeitschrift für Miet- und Raumrecht
ZPO	Zivilprozessordnung

- Von mir selbst vorgenommene Kürzungen in Gesetzestexten und Originaldokumenten habe ich durch (…) gekennzeichnet.

- Zu den abgekürzten Literaturhinweisen im Kontext siehe die genauen bibliographischen Angaben auf Seite 188.

Rechte und Pflichten
des Nachbarn

1

Grundsätzliche Überlegungen

Wenn Sie den im Folgenden beschriebenen Weg gehen wollen oder müssen, empfiehlt es sich, einige Möglichkeiten nicht auszuschließen.

Mit Ihrem Vorgehen gegen behördliche Entscheidungen und Verwaltungsakte gewinnen Sie nicht unbedingt neue Freunde in den Amtsstuben. Vielleicht treffen Sie auf nette, entgegenkommende und verständnisvolle Beamte. Vielleicht. Doch könnte es auch sein, dass man auf Ihre Bedenken und Einwände nicht gerade freundlich und beflissen reagieren wird. Ihre Beschwerde macht Arbeit, zwingt zu Rechtfertigungen, verlangt zusätzliche Anstrengungen, bringt Ärger, ist unerwünscht und unbequem. Jedenfalls werden Sie sich kaum mit Ihrem Widerspruch beliebt machen.

Es ist auszuschließen, dass ein Dezernent, der die Schrottmühle genehmigt hat, nun Ihrem Widerspruch dagegen stattgeben wird. Zu keiner Zeit. Ihr Einwand wird zurückgewiesen.

Die Ablehnung Ihrer Beschwerde zwingt Sie nun dazu, den nächsten Schritt zu gehen: Klage vor dem Verwaltungsgericht.

Bei der Abgabe des Widerspruchs hat man Sie möglicherweise kühl abgefertigt. Nun aber revanchiert sich die Behörde unter Umständen mit „Dienst nach Vorschrift".

Vielleicht spielt ein Sachbearbeiter auf Zeit, verschleppt, macht Ausflüchte, führt einen Papierkrieg um Nichtigkeiten, versteckt sich hinter Vorschriften und Formalien. Womöglich werden Sie brüskiert, werden Ihre Bedenken und Einwände niedergebügelt oder mit gezielter Ahnungslosigkeit missverstanden.

Rechnen Sie damit: wenn ein Bauamt vier Wochen Zeit hat für eine Gegendarstellung, wird es in der Regel nicht bereits nach drei Wochen antworten, sondern womöglich erst in letzter Minute.

Na, und? Sollen sie doch. Irgendwann einmal müssen die Ämter zu Potte kommen. Auch wenn die Sachbearbeiter noch so unwillig sind:

Fristen müssen eingehalten und beachtet werden. Bleiben Sie ruhig, warten Sie geduldig ab, auch wenn's schwerfällt. Zeigen Sie Gelassenheit. Bleiben Sie sachlich, aber deutlich: mit mir nicht!

Rechnen Sie auch damit, dass Ihr Kontrahent, der Bauherr, eine Allianz eingehen wird mit der Baubehörde. Künftig haben Sie es womöglich mit zwei Gegnern zu tun.

Nicht verzweifeln. Seien Sie zuversichtlich, werden Sie nicht unschlüssig, nicht zögerlich. Denken Sie nicht an Rückzug.

Der zuständige Beamte wird eventuell vergessen, verschleppen, hat – leider – Ihren Brief gar nicht bekommen. Er hat Ihnen niemals versprochen, Sie rechtzeitig zu informieren, hat „nie im Leben" mit Ihnen telefoniert.

Aber: Sie haben sich jeden Anruf notiert, jedes Gespräch mit Datum und Uhrzeit protokolliert.

Vielleicht hatten Sie gar Ihr Telefon auf Lauthören gestellt und haben einen Zeugen für das Gespräch.

Glauben Sie nicht an Versprechungen der Sachbearbeiter. Man will Sie häufig nur vertrösten, möchte sie ruhig stellen (möglicherweise damit erreichen, dass Sie eine Widerspruchs- oder Klagefrist verstreichen lassen).

Was sie beachten müssen:

- Nur Schriftliches hat Bestand, kann vorgelegt werden und als Beweismittel dienen.

- Fordern Sie für alles Belege. Seien Sie hartnäckig.

- Verfassen Sie Aktennotizen (nach Möglichkeit von einem Zeugen abzeichnen lassen).

- Wenn Sie der Behörde schreiben: immer per Einschreiben.

- Kopieren Sie alle wichtigen Unterlagen.

- Fertigen Sie, falls sinnvoll und möglich, Fotos an.

- Stellen Sie Videoaufnahmen her (etwa von den Lichtblitzen, die eine Windenergieanlage produziert).

- Besorgen Sie sich ärztliche Atteste, wenn unzumutbare Belästigungen Sie oder Ihre Kinder krank machen.

Was Sie einkalkulieren sollten

Es muss nicht vorkommen, aber rechnen Sie mit Unterstellungen und plumpen Verdächtigungen, gar mit Beleidigungen der Gegenseite.

Und in der Behörde können Akten „verloren" gehen, Sachbearbeiter werden im passenden Augenblick versetzt, sind plötzlich nicht mehr zuständig.

Der Anwalt des Herrn Windmüller will vielleicht Ihre Argumente nicht mit Gegenargumenten „widerlegen", sondern durch Diskriminierungen und Verunglimpfungen. Er wird Gutachten, die ihm nicht in den „Kram passen", ignorieren oder unterdrücken.

Herr Windmüller will Sie womöglich mit Gegendarstellungen und haltlosen Behauptungen demoralisieren, will Sie klein machen, damit Sie einknicken und im letzten Moment doch noch aufstecken.

Durchschauen Sie diese Aktionen. Bleiben Sie bei diesem Nervenkrieg gelassen.

Seien Sie wachsam, werden Sie selbst aktiv

Beim ersten unbestätigten Gerücht („Hast du auch gehört, dass die Supermarktkette das Grundstück neben deinem Haus gekauft haben soll?"):

- Lassen Sie nichts unversucht, an Informationen zu gelangen.

- Warten Sie nicht ab, bis das Projekt kaum noch aufzuhalten ist.

- Setzen Sie alle Hebel in Bewegung, Genaueres zu erfahren.

- Telefonieren, laufen, schreiben Sie.

- Bemühen Sie sich um Gutachter.

- Lassen Sie sich ggf. bescheinigen und attestieren, dass die von der Anlage ausgehenden Belästigungen unzumutbar sind.

- Schreiben Sie zuständige Institute an.

- Gehen Sie in die Archive.

- Machen Sie Druck (wenn's nicht anders geht, auch mit einer Dienstaufsichtsbeschwerde).

- Suchen Sie Leidensgenossen und gründen Sie ggf. eine Initiative.

- Nerven Sie den Bürgermeister beim ersten Gerücht. Vertrauen Sie seinen goldenen Worten nicht. Man kennt sich, man feiert Feste zusammen, man duzt sich gar, sollte man seinen Zusicherungen nicht auch trauen? Mitnichten!

Sie sind nicht verlassen

Sie sind mit Ihrem Problem nicht allein auf weiter Flur, auch wenn Sie sich manchmal so fühlen werden. Es gibt Leidensgenossen, vielleicht gar Verbündete.

- Suchen Sie in den Zeitungsarchiven nach ähnlichen Fällen.

- Schreiben Sie Personen mit vergleichbaren Problemen an.

- Warten Sie nicht ab, bis man zu Ihnen kommt. (Sie würden wohl sehr lange warten müssen.)

- Gehen Sie an die Öffentlichkeit, schreiben Sie Leserbriefe, die von ähnlich Betroffenen gelesen und vielleicht gar beantwortet werden.

Achtung: Das Gericht steht nicht auf der Seite der Wichtigtuer und Arroganten, der Intriganten und Großsprecher, der Sprücheklopfer und Schaumschläger. Die Richterinnen und Richter prüfen unbefangen und ohne Ansehen der Person. Vor Gericht zählen Argumente und Beweise, nicht läppische Widerlegungsversuche durch Unterstellungen und lautstarke Bezichtigungen.

Die Gerichtsentscheidungen sind begründet und nachvollziehbar. Das Urteil liegt schriftlich vor, und man bekommt alle Entscheidungsgründe genannt. Man kann, wenn das Verfahren einen wesentlichen Mangel hatte, gegen das Urteil vorgehen.

Sollten Sie verloren haben, seien Sie zurückhaltend mit Richterschelte. Das wäre gar zu einfach.

Die Gerichte bemühen sich auf allen Ebenen um ein gerechtes und unparteiisches Urteil. Sie müssen ihre Entscheidungen – das sind Gruppen-, nicht Einzelentscheidungen – bis ins Letzte begründen und absichern.

Dass Sie verloren haben, lag wohl nicht am Gericht; dann hat es die Rechtslage, an der sich die Gerichte orientieren müssen, einfach nicht anders zugelassen.

Informationsrechte und Aufklärungspflichten

Spät, aber zum Glück noch zur rechten Zeit, erfahren Sie von einem Bauvorhaben, das Ihnen Sorgen bereiten könnte. Ihnen kommt eher zufällig zu Ohren, dass die Baubehörde eine Genehmigung für eine Bauprojekt direkt vor Ihrem Haus erteilt hat.

Bisher waren Sie – zu Recht – davon ausgegangen, dass man als Nachbar ein Informationsrecht hat und Betreiber und zuständige Behörde eine Informationspflicht haben. Aber Sie zu informieren, hat man wohl in der Eile, vielleicht aus gutem Grunde, „vergessen"; Sie hätten gewiss nicht ohne weiteres einem solchen Vorhaben zugestimmt.

Recht auf Aktenöffentlichkeit

Über das Projekt ist bisher nicht informiert, vielleicht ist es sogar bewusst geheimgehalten worden.

Zwar haben die Beteiligten, etwa die Bauherren, ein Recht auf Geheimhaltung (was die Geheimnisse ihres Geschäfts- und Privatlebens anbelangt).

Aber auch die betroffenen Anlieger, besonders jene, deren Grundstücke direkt am geplanten Objekt liegen, haben ein Informationsrecht, haben ein Recht auf Aktenöffentlichkeit.

Der betroffene Baunachbar muss die Möglichkeit der Offenlegung haben, ihm muss das Recht auf Einsichtnahme in Akten, Baupläne, Gutachten zugestanden werden.

Um dieses Recht aber auch nutzen zu können, muss man zuerst einmal aufgeklärt sein darüber, dass „etwas im Busch" ist.

Die Gemeindeverwaltung aber beschneidet vielleicht Ihr Auskunftsrecht, damit sie möglichst lange von Einwendungen und Protesten verschont bleibt. (Wenn möglich, so lange, bis es für die Betroffenen zu spät ist, sich zur Wehr zu setzen.)

Sie mauert, versteckt sich womöglich hinter dem ominösen Datenschutz und gibt freiwillig nichts preis. Das Recht der Betroffenen auf Information wird nicht selten mit z. T. sehr zweifelhaften Methoden beschnitten.

Die gängige Praxis der Offenlegung von Plänen

Grundsätzlich sollte die Gemeinde die Einwohnerinnen und Einwohner in wichtige Planungen und Vorhaben einweihen, und zwar möglichst früh, so bestimmt es die Gemeindeordnung – GO.

Die Kommune sollte informieren, aber sie muss es nicht. Und außerdem: ein Verstoß gegen die Informationspflicht berührt die Rechtmäßigkeit einer Entscheidung nicht (16a Abs. 2 GO).

Auch sollen Einwohnerversammlungen und Einwohnerfragestunden abgehalten werden. Aber auch davon kann das Amt absehen.

Deshalb kann es vorkommen, dass Sie, wenn man dies beabsichtigt, überhaupt nichts erfahren.

Auf Ihr Nachhaken wird Ihnen vom Ortsvorsteher womöglich lapidar mitgeteilt, dass

- man unstreitig über diese Maßnahme in aller Öffentlichkeit gesprochen habe.

- es sehr wohl eine Offenlegung der Windmüller'schen Pläne gegeben habe.

- alles unter Bürgerbeteiligung abgelaufen sei.

- es auch eine rechtzeitige Bekanntmachung gegeben habe.

Der Herr Bürgermeister zeigt Verständnis für Ihre Lage, kann aber – die Planungen sind inzwischen weit fortgeschritten, leider – nichts mehr rückgängig machen.

Das müssen Sie hinnehmen, denn nach der „Landesverordnung über die örtliche Bekanntmachung und Verkündung" genügte tatsächlich ein Aushang an einer (versteckten?) Bekanntmachungstafel.

Kein Einziger liest die Aushänge, niemand sollte sie lesen. Und außerdem: Der Anschlag muss nur vierzehn Tage aushängen.

Vielleicht kommt das Amt nicht daran vorbei, die örtliche Bekanntmachung in eine Tageszeitung zu setzen. (In Schleswig-Holstein ist dies z. B. erst in Gemeinden ab 10 000 Einwohnern erforderlich.) Dann können Ort und Termin versteckt werden unter „Amtliche Verlautbarungen".

Und sollte es ein Gemeindeblatt geben, erfolgt eben auch dort eine Ankündigung: Beratung und Beschlussfassung über einen Antrag – nichtöffentlich.

Anhörungsverfahren

Herr Windmüller informiert den Dorfbürgermeister zuerst einmal unter der Hand von seinem Plan, eine Windenergieanlage im Dorf zu errichten. Dann stellt er eine „Bauvoranfrage".

Das Verwaltungsverfahrensgesetz (VwVfG) bestimmt:

§ 28 Abs. 1 VwVfG

Bevor ein Verwaltungsakt erlassen wird, der in Rechte eines Beteiligten eingreift, ist diesem die Gelegenheit zu geben, sich zu den für die Entscheidung erheblichen Tatsachen zu äußern.

Doch heißt es im Gesetz weiter:

Von der Anhörung kann abgesehen werden, wenn sie nach den Umständen des Einzelfalles nicht geboten ist.

Hat Herr Windmüller gar gute Freunde im Gemeinderat, wird man auf seine Bitten hin vielleicht auf diese Anhörung verzichten; es liegt ja im Ermessen des Ortsbürgermeisters, diese anzubieten oder nicht.

Die Gemeindevertreter beschließen, vielleicht in nichtöffentlicher Sitzung, auf die Anhörung zu verzichten.

Nun nimmt die Gemeindevertretung in einer „normalen" Sitzung die Pläne des Herrn Windmüller, mitten im Dorf ein solches Projekt zu verwirklichen, zustimmend zur Kenntnis.

Beratung und Abstimmung können unter Ausschluss der Öffentlichkeit stattfinden (Tagesordnungspunkt 9 – Verschiedenes – Beratung und Beschlussfassung über einen Antrag – nichtöffentlich).

Die Volksvertreter dürfen sich auf die Gemeindeordnung berufen, die einen Ausschluss der Öffentlichkeit zulässt, wenn „berechtigte Interessen Einzelner es erfordern" (§ 35 GO).

Bekanntgabe des Gemeinderatsbeschlusses

Von Rechts wegen müsste der in nichtöffentlicher Sitzung gefasste Beschluss zur Windenergieanlage des Herrn Windmüller spätestens in der nächsten öffentlichen Sitzung des Gemeinderates bekannt gegeben werden.

Doch auch darauf kann die Gemeindeverwaltung verzichten, denn wieder hilft die Gemeindeordnung: Die Bekanntgabe kann unterbleiben, wenn dieser „berechtigte Interessen Einzelner entgegenstehen"(§ 35 Abs. 3 GO).

Und wenn Herr Windmüller keine berechtigten Interessen hat, wer sonst!

Von dem Antrag des Herrn Windmüller an den Gemeinderat und von der für ihn positiven Abstimmung erfahren Sie somit nichts; schließlich hat der Bauherr einen Geheimhaltungsanspruch. Da Herr Windmüller in seinem Antrag ja auch Angaben zu seinen persönlichen Verhältnissen machen muss, die nicht jeden etwas angehen – Datenschutz –, bleibt alles geheim.

Man könnte ja wenigstens eine „beschränkte Aktenöffentlichkeit" zulassen, doch dies will man auch nicht. Daher erhalten Sie gar keine Kenntnis von den Plänen des Herrn Windmüller.

Auslegung der Windmüller'schen Pläne

Die Gemeindevertretung informiert nun die zuständige Gemeindeverwaltung über ihre Zustimmung zur WEA.

Diese nimmt das Protokoll der Sitzung zur Kenntnis:

Beispiel:

Zu TOP 4:

Der Bürgermeister gab eine Bauvoranfrage von Herrn Windmüller bekannt. Herr W. will auf dem Grundstück ... der Flur ... eine Windenergieanlage bauen.

Die Gemeindevertretung beschloss, dass von Seiten der Gemeinde keine Einwendungen gegen den Bau der Anlage vorliegen.

Stimmenverhältnis: einstimmig.

Die Verwaltung ist daraufhin gehalten, die Pläne des Herrn Windmüller vier Wochen lang öffentlich auszulegen. Öffentlich.

Nur eine kleine, nichts sagende Notiz an der Bekanntmachungstafel weist darauf hin, dass die Pläne ausliegen; eine schriftliche oder mündliche Bekanntmachung oder gar einen schriftlichen Hinweis an die Nachbarn gibt es nicht.

Somit haben Sie immer noch keine Kenntnis über das Projekt des Herrn Windmüller.

Wenn es eine Anhörung gegeben hätte

Eine Anhörung soll allen Bürgern und Interessierten die Gelegenheit geben zu Diskussionen, zur Aussprache, zur Einrede, zum Vorbringen von Erklärungen und Gegenargumenten.

Also werden Sie auf einer solchen Einwohnerversammlung Ihre Bedenken vorbringen, Herrn Windmüller und den Gemeindevertretern Kontra geben, Gründe anführen für Ihre Ablehnung des Projektes, Für und Wider sachlich und unvoreingenommen gegenüberstellen.

Herr Windmüller und die Amtsvertreter werden Ihnen gewiss höflich zuhören und sich bemühen, Interesse zu zeigen, werden an den richtigen Stellen Ihrer Ausführungen nicken, vielleicht gar applaudieren.

Rechte und Pflichten des Nachbarn

Lassen Sie sich nicht beschwichtigen.

Eine Anhörung ist keine Abstimmung, die für die Planer verbindlich ist; sie ist häufig nur ein demokratisches Feigenblatt. Die Entscheidung für die Windmühle und gegen Sie und Ihresgleichen ist gefallen. Das stand wohl schon lange vor Ihren lästigen Einwendungen fest. Sie können als betroffener Nachbar einmal gefasste Gemeinderatsbeschlüsse kaum kippen. Sie sollten daher auch nicht allzu sehr auf Aussprachen und Anhörungen setzen.

Vielleicht aber nützen Ihre Appelle an die Vernunft doch etwas. Unter Umständen bewirken Sie sogar eine Meinungsänderung bei den „Machern". Es ist nicht auszuschließen. Aber bauen Sie nicht darauf.

Auf jeden Fall zur Anhörung gehen

Nutzen Sie Ihre Mitwirkungs- und Informationsmöglichkeiten.

- Sie lernen Gleichgesinnte, vielleicht sogar Mitstreiter kennen.
- Sie werden mit neuen Strategien konfrontiert.
- Neue Informationsquellen tun sich auf.
- Sie können Ihre Gegner studieren (und deren Schwachstellen).
- Sie lernen vielleicht gar einen kompetenten Rechtsanwalt kennen oder erfahren zumindest eine brauchbare Adresse.

Auf jeden Fall: Werden Sie aktiv, unbequem und lästig

Sofort, wenn Sie auch nur das leiseste Gerücht vernehmen, dass ein Projekt geplant ist, das Ihnen Unannehmlichkeiten bereiten könnte, müssen Sie aktiv werden.

Wenn der Behörde ein Plan für ein Bauvorhaben vorliegt, muss sie Ihnen auf Anfrage Auskunft darüber geben. Gehen Sie daher zum Amt und verlangen Sie Aufklärung.

Einschaltung der Öffentlichkeit

Wenn sich gar herausstellt, dass ein Kommunalvertreter Vorsitzender im Aufsichtsrat einer Abfallwirtschaftsgesellschaft ist und dann als Landrat „objektiv" und unbekümmert über die Errichtung einer Mülldeponie entscheidet, prangern Sie diese Interessenkonflikte an.

Wenn es nicht anders geht, beziehen Sie ggf. Öffentlichkeit und öffentliche Medien ein.

Mehrere Möglichkeiten sind denkbar:

- Leserbriefe in den Zeitungen

- Artikel in der Tageszeitung

- Behandlung Ihres Falles in einer speziellen Ratgeber-Fernsehsendung oder in einem Fernsehmagazin

Wichtig: Bevor Sie Leserbriefe schreiben, eine Redaktion zur Behandlung Ihres Falles in einem Zeitungsbericht ansprechen oder ein spezielles Fernsehmagazin anschreiben, sollten Sie sich gewissenhaft folgende Fragen beantworten:

Checkliste: Einschaltung der Öffentlichkeit abwägen

- Was will ich genau erreichen?

  Wenn Sie sich nur einmal Luft machen und Ihren „Kropf leeren", vielleicht gar nur Ihre Widersacher beschimpfen wollen: Lassen Sie's bleiben!

- Ist ein ähnliches Thema bereits hinreichend behandelt worden?

  Wenn Ihr Fall ein „alter Hut" ist: Lassen Sie's bleiben!

- Ist mein Problem für die Öffentlichkeit interessant?

  Die Zeitung, der Radiosender oder das Fernsehmagazin werden einen Missstand wohl nur dann aufgreifen, wenn dieser möglichst viele Leser, Zuschauer oder Zuhörer anspricht. Ist dies nicht zu vermuten: Lassen Sie's bleiben!

Rechte und Pflichten des Nachbarn

noch: Checkliste: Einschaltung der Öffentlichkeit abwägen

- Kann ich für meine veröffentlichten Behauptungen und Anschuldigungen unangreifbare Belege beibringen?

  Wenn dies nicht der Fall ist, werden Sie auch keine Redaktion dazu bringen können, sich Ihres Falles anzunehmen. Kein redlicher Journalist kann es sich leisten, sich mit vagen Behauptungen und unbewiesenen Beschuldigungen und undokumentierten „Beweisen" selbst angreifbar zu machen; dem Vorwurf einer unseriösen Recherche setzt sich niemand ohne Not aus. Haben Sie keine eindeutigen Belege: Lassen Sie's bleiben!

- Kann und will ich mit den durch meine Kampagne unweigerlich provozierten Reaktionen leben?

  Gegenreaktionen und vielleicht gar Anfeindungen werden nicht lange auf sich warten lassen. Wenn Ihnen das nichts ausmacht, nur zu. Sonst: Lassen Sie's bleiben!

- Nutzt es meinem Fall konkret, oder könnte es ihm gar schaden?

  Jede von Ihnen gestartete Aktion führt unweigerlich zur Verhärtung der Fronten. Eine beim Widersacher vielleicht vorhandene Kompromissbereitschaft schwindet; ihn nach einer Kampagne noch außergerichtlich an den Verhandlungstisch zu bekommen, ist unwahrscheinlich. Sind Sie aber nach wie vor an einer gütlichen Einigung interessiert: Lassen Sie's bleiben!

- Schadet oder nützt mir ein Leserbrief?

  Auch hier sollten Sie sich fragen, was Sie mit diesem Brief erreichen wollen und ob Sie nicht zu viel Porzellan zerschlagen würden. Wollen Sie sich nur Luft machen? Wollen Sie Missstände anprangern? Wollen Sie die Öffentlichkeit hinweisen auf befangene, gar bestochene Beamte?

  Dabei wird die Leserbriefredaktion nicht mitspielen. Auch beim Leserbrief gilt: Bleiben Sie, auch wenn's schwerfällt, unpersönlich und objektiv. Seien Sie deutlich, aber immer unvoreingenommen. Damit erreichen Sie mehr als mit polemischen Angriffen. Sind Sie zu einem sachlichen Leserbrief nicht bereit oder nicht in der Lage: Lassen Sie's bleiben!

Statt wehklagen klagen!

Soll man Sie doch „Michael Kohlhaas" nennen und Sie wegen Ihrer Unbelehrbarkeit belächeln. Irgendwann einmal – haben Sie Geduld – werden Ihre Kritiker von Ihrem Erfolg hören.

Dann auf einmal werden alle, aber auch wirklich alle Duckmäuser und Leisetreter betonen, dass sie schon immer Ihrer Meinung waren, von Anfang an auf Ihrer Seite standen, stets wussten, dass Ihre Klage zum Erfolg führen würde, allzeit betont, geglaubt, versichert, gehofft, Ihnen (heimlich) die Daumen gedrückt haben.

Beseitigungsansprüche

Sollte Sie ein Projekt in irgendeiner Weise negativ treffen und niemand ist bereit, Sie ernst zu nehmen, legen Sie umgehend Einspruch ein, verfassen Sie einen Nachbarwiderspruch.

Doch vorher müssen Sie sich fragen, wogegen Sie überhaupt vorgehen können, welche Beeinträchtigungen Sie unter Umständen hinnehmen müssen.

Sie können angehen etwa gegen

- wesentliche Störungen, die die zumutbaren Grenzen überschreiten.

- gesundheitsschädliche Immissionen.

  - Emissionen: die von einer Anlage ausgehenden Luftverunreinigungen, Geräusche, Erschütterungen, Licht, Wärme, Strahlen usw.

  - Immissionen: auf Menschen, Tiere und Pflanzen, den Boden, das Wasser, die Atmosphäre sowie Kultur- und sonstige Sachgüter einwirkende Luftverunreinigungen, Geräusche, Erschütterungen, Licht, Wärme, Strahlen und ähnliche (schädliche) Umwelteinwirkungen (§ 3 BImSchG)

■ erhebliche, über das Ortsübliche hinausgehende Belästigungen.

■ gefahrdrohende Anlagen.

■ Spiel- und Sportanlagen, die zu nah an Wohnhäusern liegen.

Wesentliche Störung

Sie haben das Recht, sich zur Wehr zu setzen gegen wesentliche Beeinträchtigungen. Gegen alle von einem Grundstück oder von seinen Anlagen, Menschen, Tieren usw. ausgehenden Störungen, Belästigungen, Verunreinigungen usw., die Sie oder Ihr Grundstück erheblich beeinträchtigen. In der Rechtsprechung werden die „wesentlichen Beeinträchtigungen" (§ 906 BGB) gleich gesetzt mit den „schädlichen Umwelteinwirkungen" des Bundes-Immissionsschutzgesetzes.

Dabei ist es ohne Belang, ob Sie direkter Nachbar sind oder nicht.

Wichtig: Die Beeinträchtigungen auf Sie oder Ihr Grundstück haben negative Auswirkungen.

Sie können angehen gegen unzumutbare Gase, Dämpfe, Rauchemissionen, Lichtblitze, Schlagschatten, Gerüche, Geräusche, Erschütterungen usw.

Diese dürfen die von einschlägigen Anweisungen, Vorschriften und Gesetzen vorgeschriebenen Grenzwerte nicht überschreiten.

■ Ein Grenzwert nennt Maximal- bzw. Minimalwerte, die nicht über- bzw. unterschritten werden dürfen.

- Ein Richtwert dagegen ist eher unverbindlich; sich gegen das Überschreiten eines Richtwertes zu beschweren, ist weitgehend fruchtlos.

Achtung: Die Richtlinien, Normen und Regelwerke zeigen die Grenzen der Zumutbarkeit auf und werden zumeist von den Gerichten als so genannte „antizipatorische Sachverständigengutachten" herangezogen (vgl. Schlotterbeck, 2674).

- Bundes-Immissionsschutzgesetz – BImSchG

- Technische Anleitung Luft – TA Luft

- Technische Anleitung zum Schutz gegen Lärm – TA Lärm

- Sportanlagen – Lärmschutz-Verordnung – 18. BImSchG

- Verkehrslärmschutz-Verordnung – 16. BImSchG

Alle Regelwerke haben aber lediglich Richtliniencharakter; ein Gericht muss sich immer auf den konkreten Einzelfall beziehen.

So kann auch bei Einhaltung der Richtwerte eine Lärmimmission für den Nachbarn unzumutbar sein, je nach Art und Lästigkeit der Geräusche, die auf den Nachbarn einwirken (vgl. das Tennisplatzurteil des BGH im folgenden Abschnitt).

Gesundheitsschädliche Immissionen

Sie können vorgehen gegen Anlagen usw., von denen schädliche Immissionen oder Gesundheitsgefährdungen herrühren bzw. ausgehen könnten

Als schädliche Immissionen, die nicht hinzunehmen sind, gelten gemäß § 3 Abs. 1 BImSchG Umwelteinwirkungen, „die nach Art, Ausmaß oder Dauer geeignet sind, Gefahren, erhebliche Nachteile oder erhebliche Belästigungen für die Allgemeinheit oder die Nachbarschaft herbeizuführen."

Grundsätzlich ist es nicht von Bedeutung, ob die Einwirkungen über unsere Sinne wahrnehmbar sind oder erst mit technischen Hilfsmitteln nachgewiesen werden können, etwa Elektrosmog, elektrische Schwingungen, Pflanzenschutzmittel, Pilzkeime usw.

Wie weit durch den so genannten Elektrosmog der Hochspannungsleitungen und Sendemasten gesundheitsstörende Wirkungen ausgehen, konnte bisher nicht abschließend geklärt werden. Es ist somit nicht einfach, mit Erfolg gegen solche Anlagen vorzugehen, nur weil von diesen gesundheitliche Gefahren ausgehen könnten. Allerdings liegen bereits Stilllegungsbeschlüsse einiger Verwaltungsgerichte vor mit der Begründung, gesundheitsschädliche Auswirkungen könnten nicht ausgeschlossen werden.

Erhebliche, über das Ortsübliche hinausgehende Belästigungen

Auch eine Alarmanlage, die sich durch viele Fehlalarme auszeichnet, oder Diskotheken, deren Lärm ungedämmt nach außen dringt, können Belästigungen mit sich bringen, die nicht mehr als ortsüblich hingenommen werden müssen.

Das Gleiche gilt für Lärm aus einem gewerblichen Betrieb in einem Wohngebiet, Mehlstaub aus einem Silo usw.

Stets sind die Anlagen – ob genehmigungsbedürftig oder genehmigungsfrei – so zu errichten und zu betreiben, dass

1. schädliche Umwelteinwirkungen verhindert werden, die nach dem Stand der Technik vermeidbar sind,

2. nach dem Stand der Technik vermeidbare schädliche Umwelteinwirkungen auf einen Mindestwert reduziert werden und

3. die beim Betrieb der Anlagen entstehenden Abfälle ordnungsgemäß beseitigt werden können (§ 22 Abs. 1 BImSchG).

Abs. 6 BImSchG

Stand der Technik

Der Entwicklungsstand fortschrittlicher Verfahren, Einrichtungen oder Betriebsweisen, der die praktische Eignung einer Maßnahme zur Begrenzung von Emissionen gesichert erscheinen lässt. Bei der Bestimmung des Standes der Technik sind insbesondere vergleichbare Verfahren, Einrichtungen oder Betriebsweisen heranzuziehen, die mit Erfolg im Betrieb erprobt worden sind.

Wichtig: Bei Störungen, die zwar ortsüblich sind, aber mit vertretbarem Aufwand verhindert werden können, besteht ebenfalls ein Abwehranspruch.

Gefahrdrohende Anlagen

Auch diese müssen Sie nicht ertragen.

§ 907 BGB

Der Eigentümer eines Grundstücks kann verlangen, dass auf den Nachbargrundstücken nicht Anlagen hergestellt oder gehalten werden, von denen mit Sicherheit vorauszusehen ist, dass ihr Bestand oder ihre Benutzung eine unzulässige Einwirkung auf sein Grundstück zur Folge hat.

Daraus ergibt sich, dass Sie angehen können gegen Objekte, von denen mit Sicherheit eine unzulässige Einwirkung ausgehen würde, z. B. gegen ein Lager mit gefährlichen Stoffen.

Rechte und Pflichten des Nachbarn

§ 3a BImSchG
Gefährliche Stoffe oder Zubereitungen sind

explosionsgefährlich
brandfördernd
hochentzündlich, leicht entzündlich oder entzündlich
sehr giftig oder giftig
gesundheitsschädlich
ätzend
reizend
sensibilisierend
krebserzeugend
fortpflanzungsgefährdend
erbgutverändernd oder umweltgefährlich

Bekämpfen können Sie u. a. auch

- Tierkörperbeseitigungsanstalten
- Stinkende Müllcontainer
- Bedürfnisanstalten
- Heimarbeitsplätze, bei denen mit Gefahrstoffen hantiert wird
- Erd- und Sandaufschüttungen, die in Bewegung geraten können
- Anlagen zur Zerkleinerung von Alteisen („Schrottmühlen")
- Dung- und Jauchegruben
- Schutthalden
- Gentechnische Anlagen
- Viehställe in reinen Wohngebieten (Legebatterien; Nerzfarm!)
- Versuchsanlagen für Pflanzenschutzmittel
- Verkaufs- und Imbisswagen
- Backöfen
- Rauchfänge
- Großfeuerungsanlagen

Auch ein einsturzgefährdetes Nachbarhaus nahe Ihrer Grundstücksgrenze müssen Sie nicht tolerieren.

Gefahr kann auch ausgehen von einem Turmdrehkran. Die Möglichkeit, dass der Kran seine Last über Ihrem Grundstück verlieren könnte, muss ausgeschlossen sein. Verlangen können Sie daher, dass dieser so weit entfernt aufgestellt wird, dass sein Ausleger nicht über Ihr Grundstück ragt.

Lärmbelästigungen

Lärmbelästigungen kann man bekämpfen, wenn diese die zumutbaren Grenzen übersteigen oder gar Gesundheitsstörungen oder -schäden befürchten lassen.

Rechtsgrundlagen zum Lärmschutz sind:

- Bundes-Immissionsschutzgesetz
- Baugesetzbuch
- Baunutzungsordnung
- Straßenverkehrsgesetz
- Straßenverkehrs-Ordnung
- Bundesfernstraßengesetz
- Verkehrslärmschutzverordnung
- Gesetz zum Schutz gegen Fluglärm
- Luftverkehrsgesetz
- TA Lärm
- Rasenmäherlärmverordnung (8. BImSchGV)
- Sportanlagenlärmschutz-Verordnung

Sind Sie unerwünschtem, störendem, belästigendem oder gefahrdrohendem Schall ausgesetzt, so sollten Sie überprüfen (lassen), ob

- die vom BImSchG und von anderen Verordnungen und Gesetzen festgelegten Immissionsrichtwerte beachtet,

- die vorgeschriebenen Ruhezeiten (mit schärferen Immissionsrichtwerten) berücksichtigt und

- die Mindestabstände zwischen Lärmquelle und Wohnung eingehalten werden.

Richtwerte

Einen Anhaltspunkt für zu tolerierende Lärmimmissionen bietet die folgende Tabelle.

Immissionsrichtwerte für Sportanlagen, die nicht überschritten werden dürfen:	
in Gewerbegebieten	
tags außerhalb der Ruhezeiten	65 dB(A)
tags innerhalb der Ruhezeiten	60
nachts	50
in Kerngebieten, Dorfgebieten, Mischgebieten	
tags außerhalb der Ruhezeiten	60 dB(A)
tags innerhalb der Ruhezeiten	55
nachts	45
in allgemeinen Wohngebieten und Kleinsiedlungsgebieten	
tags außerhalb der Ruhezeiten	55 dB(A)
tags innerhalb der Ruhezeiten	50
nachts	40
in reinen Wohngebieten	
tags außerhalb der Ruhezeiten	50 dB(A)
tags innerhalb der Ruhezeiten	45
nachts	35
in Kurgebieten, für Krankenhäuser und Pflegeanstalten	
tags außerhalb der Ruhezeiten	45 dB(A)
tags innerhalb der Ruhezeiten	45
nachts	35

Quelle: Umweltbundesamt (UBA)

Was bedeuten z. B. 65 dB(A)?

In einer Entfernung von 25 m vom Verkehrsweg und bei unge-hinderter Schallausbreitung bedeuten 65 dB(A):

- 2000 PKW pro Stunde, bei Stadtgeschwindigkeit 50 km/h oder:

- 1 D-Zug pro Stunde (160 km/h) und sonst Ruhe oder:

- 1 D-Zug (160 km/h), plus 200 Pkw bei 50 km/h*

---

* Zusatzgeräusche, die sich rein rechnerisch nicht auswirken.

Quelle: Umweltbundesamt (UBA)

Ruhezeiten

Ruhezeiten sind Zeitabschnitte mit erhöhten Schutzanforderungen, für die es in den einzelnen Bundesländern sehr unterschiedliche Regelungen gibt; genaue Auskünfte geben die entsprechenden Lärmverordnungen.

Einen Maßstab bietet die Sportanlagenlärmschutz-Verordnung, die folgende Ruhezeiten festsetzt:

Sportanlagenlärmschutz-Verordnung	
an Werktagen	6.00–8.00 und 20.00–22.00 Uhr
an Sonn- u. Feiertagen	7.00–9.00 13.00–15.00 und 20.00–22.00

Tennisanlagen z. B. dürfen zwischen 20.00 und 7.00 Uhr und mit-tags von 13.00 – 15.00 Uhr nicht „bespielt" werden; auf Fußball-plätzen dürfen an Sonn- und Feiertagen und an Werktagen ab 19.00 Uhr keine Wettkämpfe mehr ausgetragen werden.

Rechte und Pflichten des Nachbarn

Mindestabstände zu Wohnhäusern

Beispiele für Mindestabstände, die eingehalten werden müssen:

- Eisstadion (ohne Überdachung) 400 Meter
- Tennisplätze 75 Meter
- Fußballplätze 100 Meter
- Spielplätze 60 Meter

Dagegen können Sie sich wehren

Im Folgenden zähle ich einige typische Fälle auf, bei denen ein Eingreifen bei unerwünschtem Lärm sinnvoll und erfolgversprechend ist. Bei speziellen Lärmproblemen wendet man sich am sinnvollsten an eine der Beratungsstellen für Lärmschutzfragen.

Lärmschutz im Nachbarschaftsbereich – Zuständigkeiten
■ Baden-Württemberg: Landratsämter, Gewerbeaufsichtsämter
■ Bayern: Kreisverwaltungsbehörden, Ortspolizeibehörden
■ Berlin: Bezirksämter
■ Brandenburg: Kreise und kreisfreie Städte
■ Bremen: Gewerbeaufsichtsämter, Ortspolizeibehörden
■ Hamburg: Behörde für Inneres, Bezirksämter
■ Mecklenburg-Vorpommern: Landräte, (Ober-)Bürgermeister
■ Niedersachsen: Gewerbeaufsichtsämter, Kommunen
■ Nordrhein-Westfalen: Ordnungsbehörden, Umweltämter, Bergämter
■ Rheinland-Pfalz: Polizeibehörden
■ Saarland: Gewerbeaufsichtsamt, Bergamt
■ Sachsen: Landratsämter, Stadtverwaltungen
■ Sachsen-Anhalt: Ordnungsämter der Gemeinden
■ Schleswig-Holstein: Polizei
■ Thüringen: Gemeinden, Landkreise, kreisfreie Städte

Siehe auch: „Behördenführer – Zuständigkeiten im Umweltschutz", herausgegeben vom Umweltbundesamt in Berlin.

Spiel-, Sport- und Freizeitanlagen

Spiel- und Sportanlagen, die zu nah an einem Wohngebäude errichtet worden sind, müssen Sie nicht tatenlos hinnehmen, auch dann nicht, wenn diese genehmigt worden und somit „bauplanungsmäßig zulässig" sind.

- Tennisplatz

  Ein Tennisplatz in unmittelbarer Wohnhausnähe muss nicht geduldet werden.

  Selbst bei Einhaltung der Lärmgrenzwerte kann der von einem Tennisplatz ausgehende Lärm wegen der Art und Lästigkeit der Geräusche unzumutbar sein, wie der BGH urteilte. Ob ein Tennisplatz in Wohnhausnähe zumutbar oder unzumutbar ist, muss allerdings für jeden Einzelfall erneut beurteilt werden (vgl. Fritzsche i. V. m. BGH-„Tennisplatzurteil", NJW 1983, 751 f.).

Geräuscheinwirkungen	
Lärmbelästigung:	30 bis 60 dB(A)
Gefährdung der Gesundheit:	60 bis 90 dB(A)
(ab etwa 35 dB(A) Raum-Innenpegel ist störungsfreier Schlaf nicht mehr möglich) Lern- und Konzentrationsstörungen/	
Schlafstörungen	70 dB(A)
Kommunikationsstörungen	90 dB(A)

Rechte und Pflichten des Nachbarn

noch: Geräuscheinwirkungen

Schädigung der Gesundheit:

(ab 90 dB(A) ist in Betrieben Gehörschutz
vorgeschrieben) — 90 bis 120 dB(A)
Schmerzgrenze überschritten — ab 120 dB(A)
Gehörschädigung auch bei kurzzeitiger Einwirkung — ab 140 dB(A)

Zum Vergleich:

ruhiges Zimmer	25 dB(A)
Unterhaltungssprache	40 dB(A)
Radio/Fernseher in „Zimmerlautstärke"	60 dB(A)
Lkw im Stadtverkehr	80 dB(A)
Motorrad ohne Schalldämpfer/ Presslufthammer	100 dB(A)
militärische Tiefflüge	110 dB(A)
Flugzeug (wenige Meter entfernt)	120 dB(A)

Vgl. UBA, Lärmschutz, 91; Drews, 59 f.; Mache, 77

■ Jugendzeltplatz

Der BGH hat sich zu folgendem Fall geäußert: In unmittelbarer Nähe eines Wohnhauses befand sich ein Jugendzeltplatz, der von der Behörde genehmigt worden war. Ein Anwohner klagte und bekam Recht: Er musste die vom Jugendzeltplatz ausgehenden Geräusch- und Geruchsemissionen nicht hinnehmen. Denn das nachbarliche Rücksichtnahmegebot verbietet die Anlage eines Jugendzeltplatzes in einem Wohngebiet. Die Anlage hätte nicht genehmigt werden dürfen.

Hat die Baubehörde einen solchen Platz in einem Wohngebiet genehmigt, so muss dies nicht geduldet werden (vgl. Fritzsche 1123 i. V. m. BGH, NJW 1993, 1656. Interessant ist, dass der BGH in diesem Fall die Richtwerte der TA Lärm erst gar nicht zugrunde legte).

- Diskothek

Wer in der Nachbarschaft einer Diskothek wohnt, hat einen Anspruch darauf, dass die Richtwerte der TA Lärm beachtet werden. Allerdings gibt es voneinander abweichende Länderregelungen. In Rheinland-Pfalz z. b. sind die Behörden gehalten, Überschreitungen des Richtwertes für die Nacht um 20 dB(A) zu unterbinden; dabei ist der Lärm an- und abfahrender Fahrzeuge hinzuzurechnen.

Auch in angrenzenden Wohnräumen dürfen die von einer Diskothek ausgehenden Lärmwerte die Immissionsrichtwerte nicht übersteigen. Allerdings gibt es auch dazu länderspezifische Regelungen. In Rheinland-Pfalz z. B. sind die Behörden gehalten, auch bei kurzfristigen Überschreitungen der Werte – 35 dB(A) am Tage und 25 dB(A) in der Nacht – (VDI-Richtlinie 2058) einzuschreiten (vgl. UBA, Lärmschutz, 63).

Eine Anfrage bei der zuständigen Stelle kann Klarheit schaffen.

- Freizeitanlagen, Volksfestplätze usw.

In der Bundesrepublik gibt es ca. 6000 Volksfestplätze und eine zunehmende Anzahl von Freizeitanlagen, von denen ein z. T. nicht unerheblicher Lärm ausgeht; nach UBA-Angaben haben Geräuschmessungen auf dem Münchner Oktoberfest in Lautsprechernähe Spitzenpegel von 100 dB(A) ergeben (UBA, Lärmschutz, 95).

Gegen diesen Lärm kann man sich zur Wehr setzen, wenn die von der Sportanlagenlärmschutz-Verordnung bestimmten Werte überschritten werden (siehe die oben dargestellte Tabelle).

- Altglascontainer

Von Altglas-Sammelbehältern können z. T. erhebliche, sogar gesundheitsschädliche Geräusche ausgehen. Das Umweltbundesamt hat ermittelt:

Beim Einwerfen von Flaschen kann je nach Füllhöhe, Flaschen- und Containerart störender und sogar gesundheitsschäd- licher Lärm entstehen: Schallleistungspegel bis 113 dB(A). (Ver- gleichbar mit den bei militärischen Tiefflügen entstehenden Ge- räuschen!) Diesen Krach müssen Sie nicht tatenlos hinnehmen.

■ Baustellen- und Gewerbelärm

In der „Allgemeinen Verwaltungsvorschrift zum Schutz gegen Baulärm" werden Immissionsrichtwerte genannt, die beach- tet werden müssen. Daraus einige Beispiele:

– Reine Industrie- und Gewerbegebiete   70 dB(A)
– Mischgebiete   60 dB(A)
– Gebiete, vorwiegend mit Wohnungen   55 dB(A)
– Reine Wohngebiete   50 dB(A)
– Kurgebiete, Krankenhäuser u. Ä.   45 dB(A)

Werden diese Daten um mehr als 5 dB(A) überschritten, sind die Behörden gehalten, einzuschreiten und ggf. die Betriebs- zeiten lauter Maschinen oder Produktionsabläufe zu be- schränken. Für die Nachtzeiten – 20.00 bis 7.00 Uhr – gelten andere Werte:

Immissionsrichtwerte für Baustellen in dB(A) (Nachtzeit)	
Gewerbegebiete	50
Mischgebiete	45
Gebiete, die hauptsächlich Wohnungen enthalten	40
Reine Wohngebiete	35
Kurgebiete, Krankenhäuser, Pflegeanstalten	35

Quelle: Umweltbundesamt (UBA)

- Fluglärm

Das „Gesetz zum Schutz gegen Fluglärm" hat für alle Verkehrsflughäfen Lärmschutzbereiche und Schutzzonen festgesetzt.

In der Schutzzone I beträgt der Dauerschallpegel mehr als 75 dB(A); die Schutzzone II umfasst das übrige Gebiet des Schutzbereiches mit einem durchschnittlichen Schallpegel von mehr als 67 dB(A).

Wichtig: Lärmschutzbereiche (und damit auch die Entschädigungsansprüche) können sich verändern; aus dem Schutzbereich II kann wegen gestiegener Lärmbelastung der Bereich I werden. Spätestens nach Ablauf von zehn Jahren muss eine Überprüfung bzw. Neufestsetzung der Bereiche erfolgen.

Entschädigungen bei Lärmbelästigungen

Unzumutbarer Lärm, der auch durch Schallschutzmaßnahmen, die dem heutigen Stand der Technik entsprechen, nicht unter den Geräuschgrenzwert reduziert werden kann, berechtigt zu Entschädigungs- bzw. Ersatzansprüchen.

- Flughafen

Ein Grundstückseigentümer, der in der Schutzzone I wohnt, kann gegen den Flugplatzhalter Ersatzansprüche geltend machen und sich Aufwendungen für bauliche Schallschutzmaßnahmen erstatten lassen: Erstattungshöchstbetrag nach dem Fluglärmgesetz 130,- DM/m^2 Wohnfläche.

- Straßen und Schienenwege

Beim Bau oder bei der wesentlichen Änderung einer Straße oder eines Schienenweges muss die Einhaltung der Grenzwerte der Verkehrslärmschutzverordnung sichergestellt werden:

Immissionsgrenzwerte in dB(A) für den Lärmschutz an Straßen (Neubau, wesentliche Änderung)		
	Tag	Nacht
1. An Krankenhäusern, Schulen, Kur- und Altenheimen	57	47
2. In reinen und allgemeinen Wohngebieten und Kleinsiedlungen	59	49
3. In Kern-, Dorf- und Mischgebieten	64	54
4. In Gewerbegebieten	69	59

Quelle: Umweltbundesamt (UBA)

Der Nachbar hat nach dem BImSchG einen Anspruch auf wirksamen Schallschutz nach dem neuesten Stand der Technik. Ist dieser nur mit unverhältnismäßig hohem Kostenaufwand zu erreichen, hat er gegen den Träger einen Entschädigungsanspruch in Geld, um die erforderlichen Schallschutzmaßnahmen (Schallschutzfenster, Lärmschutzwände und -wälle usw.) durchführen zu können.

- Fernstraßen

  Nach dem Bundesfernstraßengesetz hat der Träger der Baumaßnahmen Lärmschutzwände zu errichten, Lärmschutzwälle aufzuschütten oder andere Lärmschutzmaßnahmen zu treffen. Ist dies mit dem Vorhaben nicht vereinbar oder sind die Kosten für diese Maßnahmen unverhältnismäßig hoch, so ist ebenfalls ein Entschädigungsanspruch gegeben.

- Wertverlust durch Lärm

  Hat ein Grundstückseigentümer über das Ortsübliche hinausgehende Lärmeinwirkungen zu dulden, da dem Verursacher die Beseitigung der Störungen wirtschaftlich nicht zumutbar ist, kann der Nachbar nach dem BGB einen „angemessenen Ausgleich in Geld" verlangen.

Auch eine Entschädigung für einen Wertverlust (= Enteignungsentschädigung) ist berechtigt, wenn das Grundstück durch Lärm nachhaltig negativ (schwer und unerträglich) beeinträchtigt wird und Schallschutzmaßnahmen nicht möglich oder unverhältnismäßig kostspielig sind (vgl. dazu UBA, Lärmschutz, 68 f.).

Duldungspflichten

Bedenken sollten Sie, dass Sie unter Umständen gesetzlich zur Duldung von Störungen und Beeinträchtigungen verpflichtet sind.

Das BGB (§ 906) unterscheidet

1. Duldungspflicht ohne Entschädigungsanspruch (wenn die Immissionen unerheblich sind).
2. Duldungspflicht verbunden mit Entschädigungsansprüchen (wenn die Immissionen zwar wesentlich, jedoch ortsüblich sind).
3. Abwehranspruch gegen wesentliche und nicht ortsübliche Störungen.
4. Anspruch auf Geldausgleich bei fehlender Duldungspflicht.

Sie haben eine Duldungspflicht, wenn

- die Beeinträchtigung als „unerheblich" klassifiziert werden kann. Grundsätzlich gilt: Sie haben nur dann einen Abwehranspruch, wenn die Immissionen über der Zumutbarkeitsschwelle eines Durchschnittsmenschen liegen, der Natur und Zweckbestimmung des von den Einwirkungen betroffenen Grundstücks geläufig sind, so der BGH.

- die von Ihnen beanstandete Beeinträchtigung zur Abwendung einer Gefahr notwendig ist (z. B. Verkehrsampel).

- die Einwirkung Sie gar nicht oder nur unwesentlich berührt (etwa Fernheizungsrohre unter oder eine Flugschneise über Ihrem Grundstück).

- die Einwirkung dazu dient, Schaden abzuwenden.

Rechte und Pflichten des Nachbarn

§ 904 BGB

Der Eigentümer einer Sache ist nicht berechtigt, die Einwirkung eines anderen auf die Sache zu verbieten, wenn die Einwirkung zur Abwendung einer gegenwärtigen Gefahr notwendig und der drohende Schaden gegenüber dem aus der Einwirkung dem Eigentümer entstehenden Schaden unverhältnismäßig groß ist. Der Eigentümer kann Ersatz des ihm entstehenden Schadens verlangen.

Wenn etwa die Feuerwehr Ihr Grundstück befahren muss, um einen Brand auf dem Nachbargrundstück zu bekämpfen, und dabei Ihren Zaun beschädigen muss, haben Sie dies hinzunehmen. (Dass Sie allerdings Schadensersatz verlangen können, versteht sich.)

Dulden müssen Sie es auch, dass Ihr Nachbar Ihr Grundstück zur Abwehr einer Gefahr betritt. Wenn er z. B. nur von Ihrem Grundstück aus einen maroden Balkon abbrechen kann, müssen Sie dies gestatten.

Weiterhin haben Sie eine Duldungspflicht, wenn

- die Beseitigung der Einwirkung dem Betreiber der Anlage wirtschaftlich nicht zumutbar ist (dann haben Sie aber einen Anspruch auf einen angemessenen Ausgleich in Geld).

- für die beanstandete Anlage eine unanfechtbare Betriebsgenehmigung besteht.

- die Anlage dem Gemeingebrauch dient. Etwa: Straßen, Radwege, Fahrradständer, Reklametafeln, Schaukästen, Automaten, Gewässer, öffentliche Strände, Brücken, Fußgängerzonen usw.

- vom Grundstück „negative Einwirkungen" ausgehen (siehe unten).

Achtung: Eine erteilte Baugenehmigung, etwa für eine Windenergieanlage, begründet keine Duldungspflicht!

Auch in der Baugenehmigung für Herrn Windmüller finden wir den Passus: Hiermit erteile ich Ihnen unbeschadet der Privatrechte Dritter die Genehmigung …

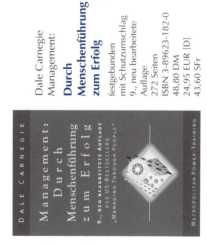

Informationsanforderung:

Schneller per Telefax 0211/680 20 82:

Ich interessiere mich speziell für folgende Themenbereiche:

O Selbstmanagement, Motivation und Kommunikation
O Privater Vermögensaufbau: Geld, Börse, Steuern
O Vorsorge, Recht und Rat
O Berufswahl/Berufsorientierung: Weiterbildung
O Werben, Verkaufen, Multimedia
O Junge Selbstständigkeit

Diese Karte entnahm ich dem Buch _____

Bitte schicken Sie Informationen an meine Privatadresse:

Name/Vorname _____

Straße _____

PLZ/Ort _____

Telefon/Telefax _____

E-Mail _____

oder an meine Firmenadresse/ Dienststelle:

Firma _____

Name/Vorname _____

Abteilung/Position _____

Straße _____

PLZ/Ort _____

Telefon/Telefax _____

E-Mail _____

Wir speichern Ihre Daten elektronisch.
Keine Weitergabe, kein Verkauf.

 METROPOLITAN

 WALHALLA

 FIT FOR BUSINESS

Sie sind als betroffener Nachbar der „Dritte", und Ihr Recht, gegen die behördliche Genehmigung anzugehen, wird ausdrücklich betont.

 § 903 BGB

Der Eigentümer einer Sache kann, insoweit nicht das Gesetz oder Rechte Dritter entgegenstehen, mit der Sache nach Belieben verfahren.

Trotz erteilter Baugenehmigung hat Herr Windmüller daher Ihre Privatrechte zu beachten.

Wird dies nicht respektiert, haben Sie einen Abwehranspruch. Dieser ist gerichtet auf Aufhebung einer Baugenehmigung, einer Teilgenehmigung oder eines Bauvorbescheides und muss mit einer Anfechtungsklage geltend gemacht werden.

Duldungspflicht bei „negativen Einwirkungen"

Grundsätzlich haben Sie nur ein Abwehrrecht bei materiellen, physikalisch feststellbaren grenzüberschreitenden, nicht aber bei negativen Immissionen.

Negative Immissionen sind von einem Grundstück ausgehende Störungen, die auf den ersten Blick nicht beeinträchtigend auf das Nachbargrundstück einwirken.

Diese Störungen wirken nicht direkt und aktiv ein auf Mensch und Grundstück, sie führen nichts zu, sondern sie entziehen etwas.

Beispiel:

- Auf dem Nachbargrundstück wird ein Hochhaus errichtet. Dieses nimmt Ihnen die Aussicht, entzieht Ihnen vielleicht auch das Grundwasser für Ihren Brunnen oder für Ihren Weinberg.

- Oder auf dem Nebengrundstück stehen Bäume und Sträucher, die eine direkte Sonneneinstrahlung unmöglich machen.

- Oder Ihnen wird durch ein Bauwerk die Aussicht versperrt oder der Fernsehempfang gestört.

Rechte und Pflichten des Nachbarn

In solchen Fällen haben die Nachbarn keine Beseitigungspflicht.

Das BGB nennt nur eine Ausnahme:

§ 909 BGB

Ein Grundstück darf nicht in der Weise vertieft werden, dass der Boden des Nachbargrundstücks die erforderliche Stütze verliert, es sei denn, dass für eine genügende anderweitige Befestigung gesorgt ist.

Daraus folgert die Rechtsprechung, dass alle anderen Fälle negativer Einwirkungen abwehrlos bleiben müssen.

Eine Beseitigungspflicht ist bei negativen Immissionen nur gegeben, wenn diese

§ 823 BGB

vorsätzlich oder fahrlässig das Leben, den Körper, die Gesundheit, die Freiheit, das Eigentum oder ein sonstiges Recht eines anderen widerrechtlich verletzen.

Dies aber kann zumeist nicht behauptet werden.

Daher haben Sie als Geschädigter auch keinen nachbarrechtlichen Abwehranspruch, es sei denn, landesrechtliche Vorschriften (etwa zu Fensterrecht, Lichtschutzrecht usw.) gewähren doch ein Abwehrrecht.

Wichtig: Es gibt keine automatische Duldungspflicht gegenüber genehmigten Anlagen. Nicht in jedem Falle müssen Sie die von diesen ausgehenden Störungen hinnehmen.

Grundsätzlich gilt: Eine Anlage, die nicht genehmigungskonform betrieben wird, ist angreifbar.

Beispiel:

Im Nachbarhaus wird eine Kegelbahn betrieben. Die Anlage wurde genehmigt, aber mit der Auflage, bestimmte Lärmschutzmaßnahmen vorzunehmen, damit die Nachbarn nicht belästigt werden. Hält sich der Bauherr nicht an diese Auflage, so hat der Nachbar einen Anspruch auf Einhaltung.

Diesen kann er über den Zivilrechtsweg einklagen. (Er muss nicht das Verwaltungsgericht anrufen, da er ja nicht gegen einen Verwaltungsakt vorgehen will, sondern gegen den, der die Bauauflagen verletzt hat.)

Beispiel:

Das Betreiben eines Jugendzeltplatzes in unmittelbarer Nähe eines Wohnhauses.

Auch in diesem Falle haben die Nachbarn keine Duldungspflicht. Das nachbarliche Rücksichtnahmegebot verbietet die Anlage eines Jugendzeltplatzes in einem Wohngebiet wegen der Geräusch- und Geruchsimmissionen.

Ist ein solcher Platz in einem Wohngebiet genehmigt worden, so müssen Sie dies nicht dulden; die Genehmigung ist anfechtbar.

Ortsübliche Beeinträchtigungen

Diese müssen ertragen werden.

Beeinträchtigungen werden als ortsüblich (und damit als zumutbar für den Nachbarn) eingestuft, wenn eine Mehrheit von Grundstücken in der Straße, im Vergleichsgebiet oder im gesamten Ort in annähernd gleicher Weise betroffen ist.

- Wenn es in der Bergarbeitersiedlung etwa normal ist, Tauben zu züchten, haben Sie kaum eine Möglichkeit, mit Erfolg gegen den Taubenschlag Ihres Nachbarn anzugehen, auch wenn von diesem wesentliche Störungen ausgehen.

- Leben Sie in einem Dorf, das durch Bauernhöfe geprägt ist, sind Viehhaltung und Gerüche und Geräusche aus landwirtschaftlichen Betrieben als alltäglich zu akzeptieren.

- Liegt Ihr Haus in einer Flugschneise, müssen Sie Fluglärm als ortstypisch ertragen, allerdings nur in den erlaubten Zeiten. (6.00 bis 22.00 Uhr).

- Wohnen Sie in einem Stadtviertel, das man als Fabrikgegend bezeichnen könnte, gehören dort Fabriken und Gewerbebetriebe zum Ortsbild und ebenso die davon ausgehenden Belästigungen durch Rauch, Lärm usw.

- Das Gleiche gilt, wenn ein Ortsteil nur durch einen Großbetrieb oder eine große Fabrik oder einen Großflughafen oder durch eine Bundesstraße geprägt ist. Zwar fehlen Vergleichsobjekte, die zur Einschätzung der Ortsüblichkeit herangezogen werden können, doch sind diese Objekte ohne Zweifel prägend.

- Steht Ihr Haus an einer Durchgangsstraße, so müssen Sie mit dem davon ausgehenden Lärm leben.

Achtung: Anders aber sieht es aus, wenn die Straße eine „wesentliche Änderung" erfährt, wenn sie etwa um einen Fahrstreifen erweitert wird.

In einem solchen Fall hat sich die Baubehörde zum Schutz der Nachbarschaft vor schädlichen Umwelteinwirkungen durch Verkehrsgeräusche an einen Beurteilungspegel zu halten, der nicht überschritten werden darf:

Verkehrsgeräusche – Maximalwerte
1. An Krankenhäusern, Schulen, Kurheimen und Altenheimen: am Tag 57 dB(A), in der Nacht 47 dB(A);
2. In reinen und allgemeinen Wohn- und Kleinsiedlungsgebieten: am Tag 59 dB(A), in der Nacht 49 dB(A);
3. In Kerngebieten, Dorfgebieten und Mischgebieten: am Tag 64 dB(A), in der Nacht 54 dB(A);
4. In Gewerbegebieten: am Tag 69 DB(A), nachts 59 dB(A).

Quelle: Umweltbundesamt (UBA)

Nicht ortsüblich aber ist, wie oben geschildert, ein Tennisplatz in unmittelbarer Wohnhausnähe, auch wenn der Platz bauplanungsmäßig zulässig und im Bebauungsplan ausgewiesen worden ist.

Im Bebauungsplan hätte, wie der BGH betonte, ein Tennisplatz in unmittelbarer Nähe eines Wohnhauses nicht ausgewiesen werden dürfen; die von einem Tennisplatz ausgehende Lärmemission sei unzumutbar.

Ortsüblichkeit unterliegt dem Wandel

Erscheinungsbild und Charakter einer Wohngegend können sich ändern. Somit kann für das Etikett „ortsüblich" nur das tatsächliche, nicht das frühere Erscheinungsbild maßgeblich sein.

Hat z. B. ein Dorf über viele Jahre mit Großmästereien gelebt, so mussten auch die davon ausgehenden Geräusche und Geruchsemissionen als ortsüblich ertragen werden. Irgendwann einmal sind vielleicht alle Betriebe dieser Art verschwunden, so dass heute die Abwesenheit dieser Belästigungen ortsüblich ist.

Ästhetische, immaterielle, unmoralische oder ideelle Einwirkungen

Gehen von einem Nachbargrundstück Vorgänge oder Zustände aus oder befinden sich dort anstößige Betriebe, die Ihr sittlich-moralisches (z. B. Bordell, Sexshop, offener Ankleideraum eines Freibades) oder ästhetisches Empfinden (rostige Blechwand als Zaun, unschöne Fassade, abgestellte Schrottfahrzeuge neben einem Hotel) stören, so haben Sie kaum eine Möglichkeit, dagegen mit Erfolg vorzugehen.

Diese Immissionen zählen nicht zu den „unwägbaren Stoffen" (§ 906 BGB), gegen die Sie einen Abwehranspruch haben.

Es gilt nach dem BGH der „Grundsatz der Nichtabwehrbarkeit ideeller Immissionen".

Entschädigungsanspruch bei Wertminderung des Grundstücks

In besonders krassen Fällen haben Sie doch einen Abwehranspruch, wenn z. B. durch die Einwirkungen eine erhebliche Wertminderung Ihres Grundstücks nachgewiesen werden kann, oder wenn der Nachbar gezielt Ihr ästhetisches Empfinden angreift.

Was Ihnen in einem solchen Fall nicht zugemutet werden darf, muss ein Gericht im Einzelfall entscheiden (siehe auch „Neidbauten" auf Seite 55).

Umlegung

Eine Wertminderung muss häufig auch in Kauf genommen werden bei einer so genannten „Umlegung".

Durch die Neuordnung bestimmter bebauter oder unbebauter Grundstücke kann sich die bauliche Nutzung beträchtlich verändern.

Beispiel:

Aus einem reinen Wohngebiet wird durch eine Planungsänderung von heute auf morgen ein Mischgebiet.

Wenn eine solche Umstufung des Bebauungsplans etwa dazu führt, dass sich in der Nachbarschaft Gewerbebetriebe ansiedeln, so kann man davon ausgehen, dass Ihr Grundstück eine z. T. beträchtliche Wertminderung erfährt.

In einem solchen Fall haben Sie einen Anspruch auf eine Entschädigung (siehe Baugesetzbuch, bes. §§ 45–79).

Negative Einwirkungen: Neidbauten

Einen Schutz gegen negativen Immissionen gewährt die Rechtsprechung doch: bei „Neidbauten" oder „Schikanebauten" (Klindt 204 ff.).

Mit diesen Begriffen werden jene Bauwerke erfasst, die nur einen einzigen Zweck haben: dem Nachbarn das Leben schwer zu machen, ihm etwa die Aussicht zu verbauen, ihm das Sonnenlicht zu nehmen, ihn mit Schlagschatten und Lichtblitzen zu nerven, seinen Fernsehempfang zu stören usw.

Diese Fälle sind nicht gerade selten anzutreffen. Wenn Herr Windmüller Ihnen die Windanlage direkt vor die Nase setzt, obwohl es genügend andere Standorte gibt, die vielleicht sogar „windhöffiger" sind, ist die verwerfliche Absicht deutlich erkennbar.

§ 226 BGB

Die Ausübung eines Rechts ist unzulässig, wenn sie nur den Zweck haben kann, einem anderen Schaden zuzufügen.

Jeder weiß, was Herr Windmüller beabsichtigt. Doch ist der Vorsatz des Herrn nur schwer, wenn überhaupt, nachzuweisen.

Denn:

- Zum einen müssen Sie die schikanöse Absicht beweisen,

- zum anderen belegen, dass es Herrn Windmüller ausschließlich darum geht, Sie zu drangsalieren.

Die Beweisschwierigkeiten liegen auf der Hand.

Genehmigungsfreies Bauen

Seit einigen Jahren zeigt sich im Baurecht eine für den Nachbarrechtsschutz schädliche Tendenz:

Die Baugenehmigung für Wohngebäude hat als das klassische Regelungsinstrument weitgehend ausgedient (vgl. bes. Degenhart, 1433–1439 i. V. m. § 123 VwGO).

Die Bundesländer haben in unterschiedlichem Ausmaß Regelungen für bestimmte Bauvorhaben vereinfacht oder ganz auf diese verzichtet.

Einige Länder haben ein so genanntes „vereinfachtes Genehmigungsverfahren" eingeführt: Bayern, Brandenburg, Bremen, Hessen, Mecklenburg-Vorpommern, Nordrhein-Westfalen, Rheinland-Pfalz, Sachsen, Sachsen-Anhalt, Schleswig-Holstein, Thüringen.

In Bayern, Nordrhein-Westfalen und Rheinland-Pfalz müssen der Gemeinde für bestimmte Bauvorhaben lediglich Bauvorlagen eingereicht werden.

In Brandenburg, Baden-Württemberg, Sachsen, Schleswig-Holstein und Thüringen muss nur eine Bauanzeige bei der Behörde erfolgen: Nach der Einreichung dieser Papiere kann die Behörde, sie muss es aber keineswegs, die Bauvorlagen überprüfen.

Das Land Mecklenburg-Vorpommern hat eine Sonderregelung geschaffen: Die Bauanzeige muss erst nach Fertigstellung des Vorhabens eingereicht werden.

Genehmigungsfrei sind nach den Länderregelungen:

- Wohngebäude mit Nebenanlagen

- Wohnhäuser von geringer Höhe (Schleswig-Holstein: bis zu zwei Wohnungen)

- Wohngebäude von mittlerer Höhe (Nordrhein-Westfalen)

- Gebäude bis zur Hochhausgrenze (Baden-Württemberg)

- Wohnhäuser mit drei Vollgeschossen (Bayern und Sachsen) bis zu einer Länge von 50(!) Metern

- Wohnkomplexe mit einer unbegrenzten Anzahl von Wohnungen (lediglich Mecklenburg-Vorpommern und Schleswig-Holstein lassen nur zwei Wohnungen zu)

- Reihenhäuser

Voraussetzung für das genehmigungsfreie Bauen ist das Vorliegen eines behördlichen Bebauungsplans, in dessen räumlichem Geltungsbereich das Gebäude errichtet werden soll.

Liegt dieser Plan vor, so ist keine Baugenehmigung erforderlich; der Bebauungsplan gilt als Vorbescheid.

Die einzelnen Schritte:

1. Liegt ein Bebauungsplan vor, kann der Bauherr damit bereits von einem positiven Vorbescheid ausgehen.

2. Der Bauherr gibt eine Bauanzeige ab, in der er lediglich seine Bauabsicht erklärt.

3. Er reicht der Gemeinde zeitgleich seine Bauvorlagen ein (wenn er das Glück hat, in Mecklenburg-Vorpommern zu wohnen, dann legt er die Unterlagen erst nach Fertigstellung des Projekts vor).

4. Er erklärt, die öffentlich-rechtlichen Vorschriften einzuhalten.

5. Er wartet eine kurze Frist ab.

Rechte und Pflichten des Nachbarn

§ 75 Abs. 11 LBO

Die Genehmigung gilt als erteilt, wenn sie nicht innerhalb der Frist (drei Wochen) versagt wird.

6. Danach kann er sofort mit dem Bau beginnen.

Eine Beteiligung der Nachbarn ist nicht vorgeschrieben.

Fingierte Baugenehmigung ohne Nachbarbeteiligung

Bebauungsplan

Bauanzeige an Bauamt　　　　Bauvorlagen an Gemeinde

↓

Untersagungsfrist max. vier Wochen
↓
Genehmigung gilt „automatisch" als erteilt
↓
Baubeginn

In der Bauordnung des Landes Schleswig-Holstein heißt es, stellvertretend für die Ordnungen der anderen Bundesländer:

§ 77 Abs. 2 LBO

Die Bauaufsichtsbehörde soll den Nachbarinnen oder Nachbarn vor Erteilung von Ausnahmen und Befreiungen Gelegenheit zur Stellungnahme in angemessener Frist geben, wenn sich die Ausnutzung der Baugenehmigung nachteilig auf die Nutzbarkeit der Nachbargrundstücke auswirken kann.

Das bedeutet: nur dann, wenn nachbarschützende Vorschriften verletzt werden könnten, sollte man die Nachbarn informieren.

Lediglich in Sachsen muss der Nachbar, wenn mit dem Bau nachbarschützende Vorschriften berührt oder gar verletzt werden, vor Baubeginn informiert werden.

Nachbarschützende Vorschriften z. B. über

- Abstandsflächen und Anordnung baulicher Anlagen zueinander
- Lage von Stellplätzen und Garagen, unter Umständen von Ställen
- Brandschutz-, Schallschutz- und Gesundheitsschutzbestimmungen
- Mindestgröße des Baugrundstücks
- Firstrichtung, Öffnung hin zu anderen Grundstücken
- Anlagen der Zu- und Abfahrten
- Dachgeschossnutzung

Nachbarbeteiligung ist nur in drei Bundesländern vorgeschrieben: Baden-Württemberg, Bayern und Thüringen (in Thüringen muss der Nachbar mit einer Nachbarunterschrift seine Zustimmung zu einem Bauprojekt erklären).

Zusammenfassung

In nahezu allen Bundesländern (Ausnahmen: Baden-Württemberg, Bayern und Thüringen) sind die Bauherren berechtigt, normale Bauprojekte ohne Baugenehmigung durchzuführen, ohne dass die Anrainer darüber aufgeklärt oder gar gefragt werden müssen.

Die Nachteile für den Nachbarn liegen auf der Hand:

- Der Bauherr kann mit der Bauausführung beginnen, ohne dass dazu eine behördliche Entscheidung, ein Verwaltungsakt erforderlich ist.

- Der „Verwaltungsakt" besteht darin, dass nach der Bauanzeige eine kurze Untersagungsfrist (von zwei Wochen in Sachsen bis zu einem Monat in Bayern und Nordrhein-Westfalen) besteht.

- Danach gilt die Baugenehmigung als erteilt, der Bau kann beginnen.

Achtung: Die fingierte Baugenehmigung wird nach der Untersagungsfrist von maximal vier Wochen (diese kann dazu noch auf Antrag verkürzt werden) automatisch erteilt.

Sie kann als ausdrücklich erlassener Verwaltungsakt angesehen werden, obwohl die Behörde völlig untätig geblieben ist.

Hier könnten Sie als Nachbar mit einer Anfechtungsklage ansetzen.

Doch da der so genannte Verwaltungsakt nicht bekannt gegeben wurde, können auch keine Fristen eingehalten werden.

Haben Sie – rein zufällig – doch Kenntnis von der Bauanzeige erlangt, können Sie nun

1. während der Untersagungsfrist eine bauaufsichtliche Untersagungsverfügung beantragen und dann (nach Ablehnung) Ihres Antrages

2. eine Verpflichtungsklage einreichen und

3. den Erlass einer einstweiligen Anordnung beim Verwaltungsgericht beantragen.

Wichtig: Damit es nicht dem Zufall überlassen bleibt, ob Sie von einer Bauanzeige innerhalb der Untersagungsfrist Kenntnis erhalten oder nicht, ob man Sie über Ausnahmen von nachbarschützenden Vorschriften informiert oder nicht, sollten Sie sich absichern.

Sie könnten und sollten prophylaktisch einen Brief an die Baubehörde schreiben, in dem Sie um rechtzeitige Benachrichtigung – rechtzeitig: innerhalb der Untersagungsfrist – bitten für den Fall, dass ein Sie unter Umständen beeinträchtigender Bauantrag gestellt wird.

Bitte um Informierung bei Bauvorhaben

Einschreiben

An das Bauamt

der Stadt ....

Für das Grundstück in der ...- Straße Nr. ... liegt ein behördlicher Bebauungsplan vor; es ist davon auszugehen, dass dort früher oder später ein Gebäude oder ein ... errichtet werden wird.

Um sicherzugehen, dass sich ein dort geplantes Vorhaben nicht nachteilig auf die Nutzbarkeit unseres Grundstücks auswirkt, möchten wir die Gelegenheit bekommen, in angemessener Frist vor Baubeginn zu dem Bauvorhaben Stellung zu beziehen, um ggf. fristgerecht Rechtsmittel – Untersagungsverfügung, Verpflichtungsklage – einlegen zu können.

Wir bitten Sie daher, uns über das Nachbargrundstück betreffende Bauanzeigen umgehend zu informieren.

Außerdem bitten wir Sie, uns diesen Brief schriftlich zu bestätigen.

Untersagungsverfügung

Die Untersagungsverfügung wird i. d. R. nur dann erlassen, wenn die Behörde dies will. Sie hat einen großen Ermessensspielraum, den sie auch nutzt.

Nur dann, wenn Sie als Nachbar belegen können, dass Sie durch das Bauvorhaben nachweislich erheblich gestört werden würden, ist das behördliche Ermessen auf Null reduziert; sie muss dann die Untersagungsverfügung erlassen.

Alles in allem: schlechte Karten für den Nachbarn durch das genehmigungsfreie Bauen:

- Die Chancen eines Nachbarn auf einen effektiven Rechtsschutz während der Untersagungsfrist, die ihm zumeist nicht bekannt ist, sind schlecht.

- Nach Baubeginn kann keine bauaufsichtliche Untersagungsverfügung mehr erteilt werden.

Dem Nachbarn bleiben lediglich

- der Antrag auf einstweilige Anordnung und

- die Verpflichtungsklage: Baueinstellung und Beseitigung.

Einstweilige Anordnung

Wenn die Gefahr besteht, dass durch eine Veränderung des bestehenden Zustands wesentliche Nachbarrechte eingeschränkt oder verletzt werden könnten, sollte man eine einstweilige Anordnung anstreben. Diese kann vom für die Hauptsache zuständigen Gericht bereits vor Klageerhebung getroffen werden, aber nur dann, wenn die Gefahr tatsächlich gegeben ist.

Einstweilige Anordnungen können auch getroffen werden, um Nachteile abzuwenden oder drohende Gewalt zu verhindern (VwGO § 123).

Leider haben Sie als Nachbar ja eine Duldungspflicht bei eigentlich unzumutbaren, aber ortsüblichen Beeinträchtigungen. Auch haben Sie, wie beschrieben, bei zu befürchtenden negativen Einwirkungen keinen Abwehranspruch. Somit haben Sie kaum eine Möglichkeit, gegen das Projekt mit einer einstweiligen Anordnung vorzugehen, wenn nicht nachbarschützende Bestimmungen verletzt werden würden. Prüfen Sie zuerst Ihre Aussichten anhand der Checkliste; resignieren können Sie immer noch.

Checkliste: Erfolgsaussichten eines Antrags auf Erlass einer einstweiligen Anordnung

Ist der Antrag zulässig?

■ Der Rechtsweg muss zulässig sein.

■ Der Antrag muss statthaft sein. (Das ist er, wenn er sich nicht gegen die Vollziehung eines Verwaltungsaktes richtet oder gegen die Beseitigung der aufschiebenden Wirkung eines Rechtsmittels.)

■ Die Antragsbefugnis des Antragstellers muss gegeben sein. (Sie ist nach der VwGO § 42 gegeben, wenn der Kläger geltend machen kann, durch den Verwaltungsakt oder seine Ablehnung oder Unterlassung in seinen Rechten verletzt zu sein.)

■ Der Antrag muss beim Gericht der Hauptsache gestellt werden.

Ist der Antrag begründet?

Er ist begründet, wenn die Voraussetzungen der VwGO vorliegen.

Ziehen Sie als Messlatte die Bestimmungen der VwGO (§ 123) heran. (Auch das Gericht orientiert sich an den dort genannten Kriterien.)

Verletzung von Nachbarrechten?

Eine einstweilige Anordnung kann getroffen werden,

■ wenn die Gefahr besteht, dass durch eine Veränderung des bestehenden Zustands die Verwirklichung eines Rechts des Antragstellers vereitelt oder wesentlich erschwert werden könnte,

■ um wesentliche Nachteile abzuwenden oder drohende Gefahren zu verhindern (§ 123 VwGO).

Vgl. Treder/Rohr 95 f., 122 ff. i. V. m. VwGO §§ 42, 123

Verpflichtungsklage

Eine Verpflichtungsklage kann ebenfalls angestrebt werden; sie hat jedoch nur dann Aussicht auf Erfolg, wenn die folgenden Fragen der Checkliste bejaht werden können:

Checkliste: Erfolgsaussichten einer Verpflichtungsklage

Grundsatz der Gesetzmäßigkeit

1. Sind durch den Verwaltungsakt Nachbarrechte verletzt worden?
2. Ist der Verwaltungsrechtsweg zulässig?
3. Ist dies die richtige Klageart?
4. Ist der Erlass eines unterlassenen oder abgelehnten Verwaltungsakts das Ziel?
5. Ist die Klagebefugnis gegeben?
6. Wurde ein Widerspruchsverfahren (Untersagungsverfügung) durchgeführt?
7. Wurde die Klagefrist eingehalten?
8. War der (fingierte) Verwaltungsakt rechtswidrig?

Formelle Rechtmäßigkeit

Sachliche, instanzielle und örtliche Zuständigkeit. Einhaltung von Verfahrens- und Formvorschriften.

Legitimation der Behörde

1. War die Behörde zum Erlass einer Einstellungs- und/oder Beseitigungsverfügung berechtigt?
2. Ergeben sich aus den Bauunterlagen Rechtsverstöße? Wenn ja:
3. Hat die Behörde diese Rechtsverstöße unbeanstandet gelassen?
4. Hat die Behörde ihren Ermessensspielraum genutzt und auch Drittinteressen berücksichtigt?

Bei Ermessensentscheidungen

Ermessensfehlerfreiheit? Ermessensmangel? Ermessensüberschreitung? Ermessensfehlgebrauch?

Vgl. Degenhart a. a. O.; Treder/Rohr 38 ff., 119 ff. i. V. m. VwGO §§ 42, 68, 74

Der „verständige Durchschnittsmensch"

Der Bundesgerichtshof hat in einer im Jahre 1992 gefällten Entscheidung erstmalig den Begriff des „verständigen Durchschnittsmenschen" verwendet.

Seitdem wird bei der Frage, ob die von einem Nachbargrundstück ausgehenden Beeinträchtigungen wesentlich oder unwesentlich sind, der verständige und nicht mehr der „normale" Durchschnittsmensch als Maßstab genommen.

Ein „verständiger Durchschnittsmensch" ...

- nimmt Toleranzgebote und Rücksichtnahmepflichten ernst.

- gesteht dem Nachbarn eine maßvolle Nutzung seines Grundstücks zu.

- zeigt konstruktives Bemühen um eine außergerichtliche Einigung.

- nimmt immer auch eine situationsbezogene Abwägung vor zwischen seinen und den Individualinteressen der Nachbarn.

- bezieht stets auch das Allgemeininteresse in seine Überlegungen mit ein (wägt z. B. sein Bedürfnis nach Ungestörtheit ab gegen das verständliche Interesse der Eltern an Spielmöglichkeiten für ihre Kinder).

- beachtet auch gesetzliche Bestimmungen und ebenso die veränderten sozialen Interessen, das geänderte Umweltbewusstsein, die Belange des Naturschutzes usw. bei seiner Einschätzung von wesentlichen bzw. unwesentlichen Beeinträchtigungen.

Quelle: Vgl. BGHZ 120, 239 (255); Vieweg/Röthel 969–975

Als verständiger Durchschnittsmensch können Sie aber auch von der Gegenseite erwarten:

- ernsthaftes Bestreben, zuerst einmal Wege einer außergerichtlichen Einigung zu suchen

- Kompromissbereitschaft, Toleranz, Achtung des anderen, nicht Bevormundung und Arroganz dünkelhafter und selbstzufriedener Beamter

- Gewähren gleichberechtigter Teilhabe an Entscheidungsprozessen, nicht Machtspielchen und undurchsichtige Verwaltungsakte

- nachvollziehbare Entscheidungen, nicht Machtmissbrauch und Selbstherrlichkeit aufgeblasener Sachbearbeiter

- Respektieren des Rechts auf Selbstverwirklichung, so weit es andere nicht belästigt oder behindert, nicht Bevormundung durch Staatsdiener, die ihre Geschmacksvorstellungen für die allein selig machenden halten,

- Bürgerbeteiligung und Offenlegung behördlicher Pläne, Bereitschaft zu Kooperation, nicht Mauscheleien und Vettern-, Partei- und Günstlingswirtschaft

- Tolerieren Ihrer Meinungen, das ehrliche Bemühen um eine für beide Seiten akzeptable Lösungen, um eine den Ausgleich widerstreitender Interessen

- ernsthaftes Suchen nach Alternativen, nicht Missachtung Ihrer Rechte durch überhebliche Bedienstete

- Orientierung auch Ihrer Gegenspieler am Beurteilungsmaßstab des verständigen Durchschnittsmenschen

Sind nach allen redlichen Bemühungen Konsens und Kompromiss nicht zu erreichen, bleibt Ihnen nur der Weg, der im Folgenden beschrieben wird:

Nachbarwiderspruch und dann Klage vor dem Verwaltungsgericht

- auf Beseitigung der Beeinträchtigung oder

- auf Unterlassung der Störung (§ 1004 BGB).

Rechtsweg

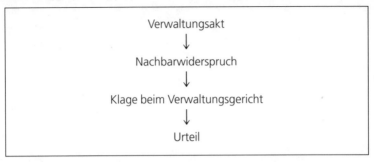

Parallel dazu haben Sie noch den Kampf um die aufschiebende Wirkung in zwei Runden zu bestehen. (Siehe dazu die Kapitel „Kampf um die Nutzungsuntersagung – erste Runde und zweite Runde" auf Seite 101 und 147.)

Doch zuerst muss gegen den Verwaltungsakt – die Baugenehmigung – Widerspruch eingelegt werden.

Nachbarwiderspruch

2

Grundsätzliches

Bleiben wir bei unserem Praxisbeispiel: Herr Windmüller plant, auf Ihrem Nachbargrundstück, etwa 160 Meter von Ihrem Wohnhaus entfernt, eine Windenergieanlage (WEA) zu errichten. Er stellt beim Bauamt des Kreises einen Antrag auf Baugenehmigung.

Da die Gemeindevertretung keine Einwände erhoben, sondern das Vorhaben wie beschrieben in geheimer Sitzung zustimmend zur Kenntnis genommen hat, da zudem die Pläne öffentlich ausgelegt worden waren, sieht auch die zuständige Baubehörde keinen Grund, die WEA abzulehnen; sie erteilt einen positiven Vorentscheid und dann die Baugenehmigung.

Den ersten Schritt – Anhörung der Beteiligten – haben Sie, wie von den Machern vielleicht erhofft, verpasst. Was bleibt Ihnen anderes übrig, als sich gegen die WEA zur Wehr zu setzen? Gar nichts.

Eile tut Not

Generell gilt: man sollte so schnell wie möglich reagieren und umgehend Paroli bieten.

Achtung: Wer die von einer WEA ausgehenden Emissionen (Geräusche, Lichtblitze, Schlagschatten, Erschütterungen usw.) über längere Zeit geduldet und widerspruchslos hingenommen hat, kann später kaum noch gegen die Anlage mit Aussicht auf Erfolg klagen.

Wenn die Dorfbewohner die Belästigungen durch einen Schweinemastbetrieb über Jahre hingenommen haben, könnte etwa der Gestank der Anlage irgendwann einmal als ortsüblich angesehen werden.

Dann gegen diese Beeinträchtigungen anzugehen, ist nicht gerade Erfolg versprechend. Zudem könnte man dann auch nur gegen die Beeinträchtigungen (Gerüche, Lärm, Wärme …), die über das ortsübliche Maß hinausgehen, vorgehen.

Sind Sie unzumutbaren Beeinträchtigungen ausgesetzt, und haben Ihre Appelle und Eingaben nicht gefruchtet, müssen Sie sich nun gezielt zur Wehr setzen und notfalls eine Anfechtungsklage beim Verwaltungsgericht anstrengen.

Doch Sie sind zunächst gezwungen, ein „Vorverfahren" einzuleiten. Dazu bestimmt die Verwaltungsgerichtsordnung:

§ 68 VwGO

Vor Erhebung der Anfechtungsklage sind Rechtmäßigkeit und Zweckmäßigkeit des Verwaltungsakts in einem Vorverfahren nachzuprüfen.

Das Vorverfahren beginnt mit der Einreichung eines Widerspruchs: Sie müssen eine baurechtliche Nachbarklage, einen „Nachbarwiderspruch", verfassen, gerichtet an die Behörde, die den Verwaltungsakt erlassen hat.

Akteneinsicht

Damit Sie Ihren Widerspruch auch überlegt und gezielt begründen können, müssen Sie genau wissen, worum es bei dem von Ihnen beanstandeten Projekt geht. Sie müssen die Antragsunterlagen kennen.

Das Bauamt muss Ihnen bzw. Ihrem Vertreter Einsicht in die das Verfahren betreffenden Akten gestatten. (Siehe auch das Kapitel 1)

Zu Ihrem Anspruch auf rechtliches Gehör gehört untrennbar auch Ihr Anspruch auf Information. Man muss Ihnen – ob man will oder nicht – (beschränkte) Akteneinsicht gewähren.

§ 29 Abs. 1 VwVfG

Die Behörde hat den Klägern Einsicht in die das Verfahren betreffenden Akten zu gestatten, so weit deren Kenntnis zur Geltendmachung oder Verteidigung ihrer rechtlichen Interessen erforderlich ist.

Die Landesgesetze können davon abweichende Bestimmungen enthalten. So finden wir z. B. im Landesverwaltungsgesetz Schleswig-Holstein:

Nachbarwiderspruch

§ 88 Abs. 1 LVwG

Die Beteiligten haben einen Anspruch auf Akteneinsicht, soweit Rechtsvorschriften ihm zuerkennen. Im übrigen sollen nach pflichtgemäßem Ermessen die Behörden den Beteiligten auf Antrag Einsicht in ihre Akte des Verwaltungsverfahrens gewähren, soweit Belange der Beteiligten, einer oder eines Dritten oder der Allgemeinheit nicht entgegenstehen.

Das Prinzip der beschränkten Aktenöffentlichkeit

Die Behörde muss Ihnen alle Informationen geben, die zur Geltendmachung oder Verteidigung Ihrer Interessen erforderlich sind (§ 29 VwVfG).

Bestehen Sie darauf, sämtliche entscheidungserheblichen Tatsachen zu erfahren. Sie haben ein Auskunftsrecht. Persönliche Daten des Bauherrn, seine Betriebs- und Geschäftsgeheimnisse gehen Sie allerdings nichts an.

Wichtig: Sollte die Behörde mauern und Ihnen oder Ihrem Bevollmächtigten das Recht auf Akteneinsicht verweigern, so können und müssen Sie auch dagegen zu Felde ziehen.

Zuerst müssen Sie bei der Behörde Widerspruch einlegen. Sollte dieser erfolglos bleiben, sollten Sie das Verwaltungsgericht anrufen.

Allerdings schreibt die VwGO vor, dass Sie dies nur in Verbindung mit der eigentlichen Klage vornehmen können:

§ 44a VwGO

Rechtsbehelfe gegen behördliche Verfahrenshandlungen können nur gleichzeitig mit den gegen die Sachentscheidung zulässigen Rechtsbehelfen geltend gemacht werden.

Und:

§ 45 VwGO

Das Verwaltungsgericht entscheidet im ersten Rechtszug über alle Streitigkeiten, für die der Verwaltungsrechtsweg offensteht.

Kosten des Nachbarwiderspruchs

Der Widerspruch kostet Sie eine Verwaltungsgebühr. Diese richtet sich nach den Gebühren der Baugenehmigung. Nehmen wir an, Herr Windmüller habe 400,- DM zu zahlen gehabt, dann beträgt Ihr Betrag – er beläuft sich auf 20% der Kosten für die Baugenehmigung – etwa 80,- DM.

Achtung: Sollte Ihr Widerspruch erfolgreich sein, so hat Ihnen die Behörde alle Aufwendungen, die zu Ihrer Rechtsverfolgung und Rechtsverteidigung notwendig waren, zu erstatten. Und wenn die Hinzuziehung eines Rechtsanwalts oder eines Bevollmächtigten erforderlich war, müssen auch die dadurch entstandenen Gebühren und Auslagen erstattet werden (§ 80 VwVfG).

Widerspruchsbefugnis

Jeder Nachbar hat das Recht, einem Verwaltungsakt zu widersprechen und notfalls Klage einzureichen.

„Nachbar" im Sinne der VwGO und des BGB ist der in Verwaltungsverfahren Klagebefugte, der als „Dritter" um (gerichtlichen) Nachbarschutz nachsucht.

Er ist i. d. R. der zivilrechtliche Eigentümer des Grundstücks, das zumutbaren oder unzumutbaren Beeinträchtigungen ausgesetzt ist.

Zu Nachbarn zählen auch Nießbrauchberechtigte, die ebenfalls ein öffentlich-rechtliches Abwehrrecht haben. (Im Gegensatz zu Mietern oder Pächtern, die dieses Recht nicht besitzen.)

Ist eine Gemeinde Eigentümer eines Nachbargrundstücks, so gilt auch diese als „Nachbar" im Sinne des Bebauungsrechts.

Nachbarschaft im Sinne der gesetzlichen Vorschriften setzt ein „qualifiziertes Betroffensein" voraus:

Nachbarwiderspruch

Der Nachbar ist bestimmten Einwirkungen direkt und dauerhaft ausgesetzt. Er hat einen Rechtsanspruch auf eine Anfechtungsklage, wenn er durch einen Verwaltungsakt – etwa durch eine Baugenehmigung für eine Windenergieanlage – in seinen Rechten verletzt worden ist.

Wichtig: Als Nachbar haben Sie Anspruch auf rechtliches Gehör: Jeder direkt oder indirekt betroffene Bürger hat ein Anrecht auf ein Verfahren vor der zuständigen Behörde.

Als Betroffener haben auch Sie somit einen Anspruch darauf, dass man sich mit Ihrem Antrag bzw. Widerspruch (auch der ist ja ein Antrag) befasst und auseinander setzt.

Nachbarunterschrift

Die Frage in der Checkliste „Sind Sie zur Geltendmachung von Ansprüchen berechtigt?" werden Sie sicherlich bejaht haben. Wohl auch zu Recht.

Was aber vorkommen kann und nicht selten passiert: Ein Mitbürger beabsichtigt, ein Bauprojekt zu realisieren, von dem auf den ersten Blick nicht zu erwarten ist, dass es wesentliche Störungen mit sich bringt.

Er fragt seine Nachbarn, ob diese bereit seien, seinen Bauantrag mit zu unterschreiben.

Achtung: Mit einer Nachbarunterschrift erklären Sie Ihr Einverständnis zu dem Projekt. Gleichzeitig aber verzichten Sie auf Ihr Recht auf späteren Widerspruch und auf eine mögliche Anfechtungsklage.

Stellt sich irgendwann einmal heraus, dass die Anlage Sie als Nachbarn doch erheblich stört, so haben Sie mit Ihrer damaligen Unterschrift Ihren Verzicht auf alle Abwehransprüche ausgesprochen. Jetzt müssen Sie wohl oder übel mit der Anlage leben.

Wichtig: Auch wenn Sie sich mit dem Nachbarn gut verstehen und die geplante Anlage (vorerst) nicht ablehnen, fragen Sie trotzdem:

- Welche negativen Einflüsse könnten (früher oder später) von ihr ausgehen?

- Wie könnte sich unsere Lebensqualität dadurch (heute oder morgen) mindern?

- Schmälert sie den Wert unseres Grundstücks bereits heute oder könnte dies irgendwann einmal der Fall sein?

- Könnte sie unsere Feriengäste oder gar potenzielle Käufer über kurz oder lang abschrecken?

Wenn Sie bei der Beantwortung auch nur einer Frage zögern, wenn Sie auch nur die geringsten Bedenken haben, die Minigolfanlage, der Parkplatz, die Windenergieanlage, die Diskothek, die Tennisanlage oder was auch immer könnte Ihnen (oder möglichen Kaufinteressenten) irgendwann einmal auf die Nerven gehen, verweigern Sie die Nachbarunterschrift.

Haben Sie erst einmal die Lagepläne und Bauzeichnungen des Bauherrn unterzeichnet oder gar der Erteilung von Ausnahmen und Befreiungen schriftlich zugestimmt, haben Sie keine Einspruchsrechte mehr.

Nachbarunterschrift und nachbarschützende Vorschriften

Im Abschnitt „genehmigungsfreies Bauen" des letzten Kapitels habe ich auf einen anderen Bereich hingewiesen, bei dem die Nachbarunterschrift eine Rolle spielt.

In Thüringen etwa darf ein Bauvorhaben, das nachbarschützende Vorschriften missachtet, nur ausgeführt werden, wenn die Nachbarn dies mit ihrer Unterschrift akzeptieren.

Mit ihrer Unterschrift würden die Nachbarn nicht nur ihre Widerspruchsrechte aufgeben, sondern noch zusätzlich das Ignorieren nachbarschützender Vorschriften „absegnen".

Praxis-Tipp:

Verweigern Sie Ihre Nachbarunterschrift, bis Sie ganz sicher sind, dadurch keine Nachteile erleiden zu müssen.

Nichtigkeit und Anfechtbarkeit von Verwaltungsakten

Bevor man einen Widerspruch gegen einen Verwaltungsakt verfasst, sollte man prüfen, ob dieser anfechtbar oder gar nichtig, d. h. unwirksam ist.

Bei der Prüfung dieser Punkte könnten die folgenden Checklisten hilfreich sein:

Checkliste: Unwirksamkeit eines Verwaltungsaktes

Ein Verwaltungsakt ist nichtig, wenn

- dieser schriftlich erlassen wurde, aber die erlassende Behörde nicht erkennen lässt.

- eine vorgeschriebene Urkunde nicht ausgehändigt wurde (etwa: Ernennungsurkunde).

- die erlassende Behörde sachlich, instanziell oder örtlich unzuständig war.

- dieser nicht umzusetzen ist (z. B. wenn verlangt wird, eine Windenergieanlage müsse völlig geräuschlos arbeiten).

- dieser eine rechtswidrige Handlung verlangt (z. B.: Herr Windmüller soll eine WEA abbauen, die er lediglich gepachtet hat).

- dieser gegen die guten Sitten oder gegen ein gesetzliches Verbot verstößt (§ 44 Abs. 2 VwVfG).

Ist ein Teil des Verwaltungsaktes nichtig, so ist er insgesamt nichtig, wenn der nichtige Teil so wesentlich ist, dass die Behörde den Verwaltungsakt ohne den nichtigen Teil nicht erlassen hätte (VwVfG).

Checkliste: Anfechtbarkeit eines Verwaltungsaktes

Ein Verwaltungsakt ist anfechtbar

- bei örtlicher Unzuständigkeit

- bei fehlender Handlungsfähigkeit Beteiligter (wenn etwa eine Person nach bürgerlichem Recht nicht geschäftsfähig ist)

- wenn der Vertreter eines Beteiligten nicht dazu bevollmächtigt ist

- wenn ausgeschlossene Personen tätig geworden sind (etwa ein Beamter, der selbst Beteiligter ist)

- wenn ein Beteiligter befangen ist

- wenn die Behörde ohne Antrag tätig geworden ist

- wenn die Amtssprache nicht eingehalten wurde

- wenn die Behörde nicht alle bedeutsamen Umstände berücksichtigt

- wenn das Amt seiner Auskunftspflicht nicht nachkommt

- wenn die Behörde nicht alle Beweismittel heranzieht

- wenn eine vorgeschriebene Anhörung Beteiligter unterbleibt

- wenn den Beteiligten Akteneinsicht verwehrt wird

- wenn das Amt unbefugt Geheimnisse offenbart

- wenn die behördliche Anordnung nicht unterschrieben wurde

- wenn eine Begründung des Verwaltungsaktes fehlt

- wenn über den Verwaltungsakt nicht schriftlich informiert wurde

- wenn die Anordnung unverhältnismäßig ist (ein Rotorblatt zeigt Risse, aber die gesamte WEA muss abgebaut werden)

- wenn er inhaltlich nicht hinreichend bestimmt ist (z. B.: die WEA darf gebaut werden ohne Festlegung des Standortes)

- wenn der Verwaltungsakt andere Gesetze verletzt

- wenn die Behörde ihren Ermessensspielraum überschreitet

Vgl. bes. §§ 12 ff., 20 ff., 28 ff., 39 ff. VwVfG

Form und Inhalt des Widerspruchs

Widerspruch bzw. Anfechtungsklage sind begründet, sofern der Verwaltungsakt rechtswidrig ist. Ist der Verwaltungsakt nichtig oder unrechtmäßig, so liegt eine Rechtsverletzung vor, gegen den Widerspruch und Anfechtungsklage begründet sind.

Anfechtung des Verwaltungsaktes

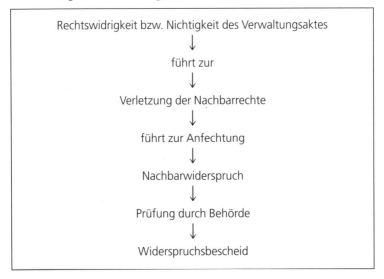

Der erste Schritt zur Anfechtung des Verwaltungsaktes ist der formlose Nachbarwiderspruch.

Ihre Widerrede sollte die wichtigsten Gründe für Ihre Einrede beinhalten. Sie können sich in Ihrer Nachbarklage (und ebenso in Ihrer Klageschrift) berufen auf

- § 42 der Verwaltungsgerichtsordnung: Sie machen geltend, dass Sie durch den Verwaltungsakt oder seine Ablehnung oder Unterlassung in Ihren Rechten verletzt worden sind.

- § 113 VwGO: Sie vermuten, dass der Verwaltungsakt rechtswidrig war und Sie dadurch in Ihren Rechten verletzt worden sind.

Widerspruchsfrist

Innerhalb eines Monats nach Bekanntgabe des Verwaltungsaktes (Baugenehmigung, Ablehnung eines Antrages etc.) muss der Nachbarwiderspruch gegen diese Verfügung eingelegt werden.

Wichtig: Achten Sie darauf, die vorgeschriebene Widerspruchsfrist einzuhalten. Der Gesetzgeber hat im Interesse des Beschwerdeführers bestimmt, dass gemäß § 70 VwGO der Widerspruch innerhalb eines Monats, nachdem der Verwaltungsakt dem Beschwerten bekannt gegeben worden ist, zu erheben ist.

Ausnahme

Fehlt in der Bekanntgabe die Rechtsmittelbelehrung oder ist diese fehlerhaft, so gilt eine Jahresfrist.

Achtung: Haben Sie einen Anwalt betraut und versäumt dieser eine Frist, so wird das nicht diesem, sondern Ihnen angelastet.

Kenntnis von einem Verwaltungsakt

Sie können nur eine Widerspruchsfrist einhalten, wenn Sie auch Kenntnis erhalten haben von dem Verwaltungsakt. Wird Ihnen die Baugenehmigung nicht bekannt gemacht, so läuft für Sie zuerst einmal überhaupt keine Widerspruchsfrist.

Ergeben sich allerdings unübersehbare Anhaltspunkte dafür, dass ein Bauvorhaben geplant ist – etwa Ausschachten eines Fundamentes auf Ihrem Nachbargrundstück –, so kann man Ihnen unterstellen, dass Sie spätestens von diesem Zeitpunkt an Kenntnis der Baugenehmigung erhalten haben.

Daher bestimmt auch die VwGO, dass spätestens von diesem Zeitpunkt an auch die Widerspruchsfrist gerechnet wird.

Haben Sie die Widerspruchsfrist nicht eingehalten, so liegt es im Ermessen der Behörde, ob sie Ihnen eine Nachfrist gewährt oder nicht. Wichtig ist, dass Sie glaubhafte Gründe für Ihre Fristversäumnis vorbringen.

Die richtige Stelle für Ihren Widerspruch

Die Einlegung des Widerspruchs kann nur bei der Behörde erfolgen, die auch für die Baugenehmigung zuständig ist, bei der Stelle, die den Verwaltungsakt erlassen hat (§ 70 VwGO).

Wichtig: Wird der Widerspruch bei einer nicht zuständigen Stelle vorgebracht, so läuft trotzdem die Widerspruchsfrist weiter. Und das könnte bedeuten, dass unter Umständen die Vierwochenfrist nicht eingehalten werden kann.

Beispiel:

Sie senden Ihren Widerspruch irrtümlich an die unzuständige Behörde. Die Poststelle dieses Amtes ignoriert Ihren Brief zuerst einmal.

Irgendwann einmal leitet die Geschäftsstelle diesen an die für Ihren Widerspruch richtige Adresse weiter. Aber bis Ihr Schriftstück dort angekommen ist, ist vielleicht die Widerspruchsfrist verstrichen.

Für die Klage beim Verwaltungsgericht aber gibt es eine andere Bestimmung: die Klagefrist wird auch gewahrt, wenn Sie die Beschwerde bei einem nicht zuständigen Gericht einreichen.

Checkliste zum Nachbarwiderspruch

Bevor Sie einen Widerspruch verfassen und gegen Beeinträchtigungen angehen, sollten Sie sich die Fragen der nachstehenden Checkliste beantworten.

Checkliste: Nachbarwiderspruch

- **Liegt eine Beeinträchtigung oder eine Störung vor?**

  Beeinträchtigung: hier steht dem Kläger ein Anspruch auf Beseitigung bzw. Unterlassung zu (§ 1004 BGB)

  Störung: Störungen sind unter Umständen zu dulden. Eine WEA, die auf dem Nachbargrundstück steht, aber nicht in Betrieb ist, stört zwar, beeinträchtigt aber die Benutzung des Nachbargrundstücks nur unwesentlich. Ob man im Einzelfall trotzdem einen Beseitigungsanspruch durchsetzen kann, ist fraglich.

- **Sind Sie zur Geltendmachung von Ansprüchen berechtigt?**

  Grundsätzlich hat nur der Eigentümer eine Klagebefugnis.

- **Gegen wen genau sind die Ansprüche geltend zu machen?**

  Gegen die Behörde? Gegen den Störer? Gegen Mitverursacher?

- **Sind die Beeinträchtigungen von Ihnen zu dulden?**
  - Ja, wenn sie nach § 906 Abs. 1 BGB unwesentlich sind.
  - Ja, wenn sie ortsüblich und zumutbar sind.
  - Ja, wenn es gesetzliche Duldungspflichten gibt, z. B. zur Gefahrenabwehr durch Dritte (Feuerwehr, Sanitäter usw.).
  - Ja, wenn behördliche Genehmigungen vorliegen, z. B. rechtskräftig genehmigte Anlagen.
  - Ja, wenn diese von einer „lebens- oder gemeinwichtigen" Anlage der „öffentlichen Hand" ausgehen (Kanalisation, Kläranlage usw.).
  - Ja, wenn es keine Beseitigungs- oder Unterlassungsansprüche gibt, sondern Ansprüche anderer Art (etwa: Geldansprüche).

- **Welcher Rechtsweg muss beschritten werden?**

  Nachbarklage? Zivilgericht? Verwaltungsgericht?

Nachbarwiderspruch

noch: Checkliste: Nachbarwiderspruch

- **Wie muss der Klageantrag beschaffen sein?**

- **Wie können meine Ansprüche durchgesetzt werden?**
  Unterlassung? Abrissanordnung? Ersatzvornahme? Zwangsgeld?
  Zwangsvollstreckung?

Vgl. Alheit, XIII f. i. V. m. §§ 909, 1004 BGB

Der erste schriftliche Widerspruch gegen die von Ihnen beanstandete Baugenehmigung könnte so aussehen:

```
Elfriede und Hermann Nachbar            Dünkeldorf
                                        Bachweg 1
                                        05.10.2000

E i n s c h r e i b e n

An den Landrat des Kreises Windmarschen
- Untere Bauaufsichtsbehörde -
Dünkelstadt
Postfach
```

**Betrifft: Windkraftanlage, Dünkeldorf, Bachweg,
Flurstück 7, 29**

Hiermit legen wir Nachbarwiderspruch ein gegen den Bau der Windkraftanlage.

Begründung:

Da sich unser Haus in der Hauptwindrichtung befindet, befürchten wir eine ständige und unzumutbare Lärmbelästigung durch diese Anlage.

Außerdem ist mit dem Betrieb dieser Windkraftanlage auch der täglich mehrere Stunden auftretende Diskoeffekt verbunden, der ebenfalls erhebliche Beeinträchtigungen für uns bedeutet.

Unterschriften

82

Begründung des Nachbarwiderspruchs

Niemand kann Sie dazu zwingen, Ihren Widerspruch zu begründen.

Grundsätzlich reicht es aus, zu schreiben: Hiermit lege ich Widerspruch ein gegen die Baugenehmigung für die Minigolfanlage an der … Straße.

Achtung: Äußern Sie sich überhaupt nicht zu den Gründen Ihrer Einwendung, so könnte der Widerspruch problemlos als unbegründet abgelehnt werden. Anders ist es, wenn Sie durchdachte Argumente, die Sie ja anführen können, für Ihren Widerstand benennen.

Sie sollten Ihren Widerspruch auf jeden Fall untermauern:

- Zum einen die Argumente aufzählen, die gegen die Baugenehmigung sprechen,

- zum anderen auch die von der Anlage ausgehenden vermuteten unzulässigen Beeinträchtigungen aufzählen.

Je besser und eindeutiger Sie Ihren Widerspruch rechtfertigen, desto schwieriger wird es für die Behörde sein, Ihren Protest vom Tisch zu fegen.

Nachschieben der Begründung

Sollte die Widerspruchsfrist beinahe abgelaufen sein, so dass Ihnen keine Zeit mehr bleibt für eine ausführliche Begründung Ihres Widerspruchs, so können Sie auch in zwei Schritten vorgehen:

1. Einlegung des unbegründeten Widerspruchs vor Ablauf der Widerspruchsfrist

2. Nachschieben der Rechtfertigung

Wenn Sie so verfahren wollen bzw. aus Zeitgründen so vorgehen müssen, sollten Sie Ihren unbegründeten Widerspruch mit einem Antrag auf Gewährung einer Nachfrist erweitern:

Nachbarwiderspruch

Antrag auf Gewährung einer Nachfrist

```
Werner Anlieger                          12.11.2000
2000 Dasselhausen a.d. Exe
Feldmarsch 14


Widerspruch

Hiermit lege ich Widerspruch ein gegen die Baugenehmi-
gung für die Tennisanlage (Aktenzeichen ...).

Gleichzeitig beantrage ich, mir für das Nachreichen
der Widerspruchsbegründung eine Frist von vier Wochen
einzuräumen.

Ich bitte, mir die Gewährung einer solchen Nachfrist
schriftlich zu bestätigen.
```

Es liegt im Ermessen der Behörde, wie viel Zeit sie Ihnen für das Nachreichen der Begründung einräumt.

Wichtig: Lassen Sie sich auf jeden Fall schriftlich bestätigen, dass Ihnen eine Verlängerungsfrist eingeräumt worden ist.

Anmeldung des Widerspruchs

Der Widerspruch kann dem Amt auf zweierlei Weise bekannt gegeben werden:

- Man geht entweder zu der Behörde, die den Verwaltungsakt erlassen hat, und gibt seine Beschwerde zu Protokoll,

- oder man legt schriftlich Widerspruch ein (dann aber immer per Einschreiben).

Änderung oder Erweiterung des Widerspruchs

Nun könnte es sein, dass Ihnen, nachdem Sie den Widerspruch eingereicht bzw. zu Protokoll gegeben haben, noch weitere Argumente einfallen oder Sie neue Beweise, Gutachten etc. vorlegen können, die gegen den Bau der von Ihnen bekämpften Anlage sprechen.

Sie können als Bürger, der ein Verwaltungsverfahren durch einen Antrag/Widerspruch eingeleitet hat, Ihren Antrag jederzeit ergänzen, erweitern (und auch allezeit zurückziehen).

Wenn Sie z. B. recht spät feststellen müssen, dass der damalige Sachbearbeiter im Bauamt sich nicht korrekt verhalten, vielleicht sogar seine Dienstpflichten verletzt hat, können Sie Ihren Widerspruch auch um einen Hinweis auf das Fehlverhalten dieses Beamten ergänzen:

Erweiterung des Nachbarwiderspruchs

Gerda und Heinrich Meckermann 17.12.2000

An das Bauamt
des Kreises ...

E I N S C H R E I B E N

Sehr geehrte Damen und Herren,

wir bitten, unseren Nachbarwiderspuch vom ... um folgende Punkte zu ergänzen:

In einem Gespräch am ... hat der Leiter der Bauaufsicht, Herr N.N., auf den Runderlass „Grundsätze zur Planung von Windenergieanlagen" hingewiesen.

Herr N.N. betonte, dass dieser für ihn bei allen Anlagen, auch bei kleineren, Richtschnur sei. Das beziehe sich besonders auf einen Mindestabstand von 300 Metern. Damit sei auch unsere Sorge wohl gegenstandslos, da die für die Anlage vorgesehene Fläche eine Breite von weit weniger als 200 Meter habe, so dass dieses Nachbargrundstück für eine Windkraftanlage nicht in Betracht gezogen werden könne.

Am ... ist an Herrn Windmüller ein positiver und damit
für das weitere Vorgehen richtungweisender Vorentscheid ergangen; der uns zugesicherte Mindestabstand
wurde weit unterschritten.

Dieser Bescheid ist nicht von Herrn N. N. unterschrieben
worden – dem laut einer Dienstanweisung einzigen dazu
berechtigten Beamten dieser Abteilung –, sondern von
Herrn ..., der dazu nicht befugt war ...

Wenn auch dieser Nachtrag die zu erwartende negative Entscheidung der Behörde wohl kaum beeinflussen wird, sollten Sie diesen
doch einreichen; er könnte Ihre Klage vor dem Verwaltungsgericht
untermauern.

Zudem bleiben Sie nicht bei der Ergänzung stehen. Sie werden das
Verhalten des Beamten nicht nur im Widerspruch anprangern, son-
dern Sie sollten sich bei groben Verstößen nicht scheuen, eine
Dienstaufsichtsbeschwerde einzureichen.

Widerspruchsbescheid

Bei der Prüfung eines Widerspruchs bezieht sich die zuständige
Stelle auf einen Kriterienkatalog, der in etwa folgende Punkte enthält.

Prüfung des Widerspruchs durch die Behörde

■ **Zulässigkeit des Widerspruchs**

– Zulässigkeit des Verwaltungsrechtsweges?
Diese Frage wird in aller Regel bejaht, da der Verwaltungsrechtsweg in allen öffentlich-rechtlichen Streitigkeiten (ohne verfas-
sungsrechtliche Streitigkeiten) gegeben ist.

– Beteiligtenfähigkeit?
Fähig, am Verfahren beteiligt zu sein, sind natürliche und juristische Personen, Vereinigungen und Behörden.

- Handlungsfähigkeit?
  Handlungsfähig sind geschäftsfähige natürliche Personen, eingeschränkt geschäftsfähige Personen, wenn sie für das Verfahren handlungsfähig sind. Dazu juristische Personen, Behördenvertreter usw.

- Zuständigkeit der Widerspruchsbehörde?

■ **Statthaftigkeit des Widerspruchsverfahrens**

Das Verfahren ist dann statthaft, wenn es zielt

- auf Abwehr eines erlassenen Verwaltungsaktes oder

- auf Erlass eines abgelehnten Verwaltungsaktes.

■ **Widerspruchsbefugnis**

Befugt ist, wer geltend macht, durch einen Verwaltungsakt in seinen Rechten verletzt worden zu sein.

■ **Form und Frist des Widerspruchs**

Form: Bekanntgabe schriftlich oder zu Protokoll bei der Behörde
Frist: ein Monat

■ **Begründetheit**

Wenn der Widerspruchsführer in seinen Rechten verletzt oder beeinträchtigt worden ist, ist sein Widerspruch begründet. (Wird vom VG bestätigt, dass der Verwaltungsakt rechtswidrig war und der Kläger in seinen Rechten verletzt worden ist, hebt das Gericht den Widerspruchsbescheid auf.)

Vgl. Würtenberger,167 f. i. V. m. §§ 40, 68, 70, 73, 113 VwGO und §§ 11 f., 79 VwVfG

Die Behörde, der Sie Ihren Widerspruch vorgelegt haben, muss nun entscheiden, ob dieser

■ zulässig oder nicht zulässig ist und ob er

■ begründet oder unbegründet ist.

Nachbarwiderspruch

Für das Verfahren selbst gilt der Grundsatz der Nichtförmlichkeit. Die Behörde ist nicht an eine bestimmte äußere Form gebunden: das Verfahren soll einfach, zweckmäßig und zügig durchgeführt werden (§ 10 VwVfG).

Womit Sie bei jedem Widerspruchsbescheid rechnen sollten:

- Bauen Sie auf gar keinen Fall darauf, dass in der Behörde „verständige Durchschnittsmenschen" sitzen, die Ihren Widerspruch für begründet halten.

- Das Bauamt hat über den Bauantrag des Herrn Windmüller positiv entschieden. Also muss die Behörde auf Ihren Widerspruch negativ reagieren.

- Der Baurat wird Sie vielleicht belächeln, Ihre Argumente auf gar keinen Fall ernst nehmen.

- Die Sachbearbeiterin wird womöglich verzögern, blockieren, verhindern, ignorieren, taktieren.

- Das Landratsamt wird den Widerspruch gewiss abweisen.

- Die Behörde wird, sollte Ihnen das Verwaltungsgericht Recht geben, höchstwahrscheinlich in die Berufung gehen.

- Das Amt wird, sollte das Oberverwaltungsgericht das Urteil des Verwaltungsgerichts bestätigen, immer noch nicht klein beigeben.

- Man wird vielleicht auf Zeit spielen.

- Die Baubehörde wird vermutlich Herrn Windmüller nur widerstrebend an die Gerichtsauflagen erinnern, wird ihn nur auf Ihren Druck hin mit Maßnahmen überziehen.

Stellen Sie sich bereits jetzt darauf ein: bis die vom Oberverwaltungsgericht untersagte Anlage tatsächlich von der unterlegenen Behörde beseitigt worden ist, vergehen auch nach dem OVG-Urteil noch etliche Monate.

Der Bauherr der WEA erhält nun vom Landrat eine Nachricht, dass Sie Widerspruch eingelegt haben.

Bei dieser Gelegenheit wird die Behörde Herrn Windmüller vielleicht mehr oder weniger direkt darüber informieren, dass sie nur auf einen gezielten Antrag des Bauherrn wartet, damit sie ihm entgegenkommen und den sofortigen Baubeginn anordnen kann:

DER LANDRAT
DES KREISES Windmarschen

Betrifft: Baugenehmigung ...

Sehr geehrter Herr Windmüller,

gegen die vorstehende Baugenehmigung wurde ein Nachbarwiderspruch eingelegt. Dieser Widerspruch hat aufschiebende Wirkung.

Von der Baugenehmigung darf daher bis zur Entscheidung über den Widerspruch kein Gebrauch gemacht werden.

Gemäß § 80a VwGO kann die Behörde auf einen begründeten Antrag die sofortige Vollziehung der Baugenehmigung anordnen.

Sofern nach Prüfung und Abwägung der Rechtslage Ihrem Antrag stattgegeben werden sollte, würde die aufschiebende Wirkung des Nachbarwiderspruches bis zur Entscheidung aufgehoben.

Widerspruchsbelehrung: ...

Sofort nach dieser Benachrichtigung kann und wird der Bauherr der WEA die freundlichen Hinweise der Behörde verwerten und mit einem „begründeten Antrag" um eine sofortige Vollziehung der Baugenehmigung nachsuchen.

Da das Amt dem Betreiber bisher wohlgewogen war, wird es in aller Regel seinem Antrag stattgeben. Vielleicht aber lässt die Behörde sich auch nötigen und durch das Verwaltungsgericht dazu zwingen.

Erst das OVG kann dann auf Ihren Antrag hin anordnen, dass die aufschiebende Wirkung fortdauert (§ 80b VwGO).

Widerspruchsbescheid: Begründungspflicht der Behörde

Sie als Beschwerdeführer und Verfasser des Widerspruchs bekommen nun auch die verdiente Antwort: Ihr Widerspruch wird, wie bereits angedeutet, selbstverständlich zurückgewiesen.

Anforderungen an den Bescheid:

- Die Erklärung muss schriftlich abgefasst sein.

- Der Widerspruchsbescheid muss die wesentlichen tatsächlichen und rechtlichen Entscheidungsgründe enthalten.

- Wurde ein Ermessensspielraum genutzt, sollte der Bescheid auch die Gründe der Ermessensentscheidungen enthalten (§ 39 VwVfG).

Mit solch einem Widerspruchsbescheid sollten Sie rechnen:

Widerspruchsbescheid

```
Sehr geehrter Herr Anlieger,


auf Ihren Widerspruch vom ... gegen den Bescheid vom ...
ergeht folgende Entscheidung:


1. Der Widerspruch wird zurückgewiesen.
2. Die Kosten des Verfahrens hat der Widerspruchsfüh-
   rer zu tragen.
Der Widerspruch ist zulässig, aber nicht begründet.

Der angefochtene Bescheid ist rechtmäßig.


Begründung:

Die Anfechtung einer Baugenehmigung bzw. eines Teiles
davon durch den Nachbarn führt nur dann zu ihrer Auf-
hebung oder Einschränkung, wenn entweder die angefoch-
tene Baugenehmigung unter Verletzung von Vorschriften
```

erteilt worden ist, die zumindest auch dem Schutz des Nachbarn zu dienen bestimmt sind, oder wenn die beanstandete Baugenehmigung gegen das im Baurecht bestehende Gebot der Rücksichtnahme verstößt.

Diese Voraussetzungen sind im vorliegenden Fall nicht erfüllt.

Die privilegierte Lage auf dem Nachbargrundstück begründet kein Abwehrrecht, da dieser Rechtsgrundlage keine nachbarschützende Wirkung zukommt.

Ein Verstoß gegen das Gebot der gegenseitigen Rücksichtnahme ist ebenfalls nicht erkennbar.

Der Bauherr beabsichtigt, eine Windkraftanlage vom Typ (...) zu errichten. Für diesen Anlagentyp wurde durch den Hersteller ein Gutachten bezüglich der Schallimmission erstellt.

Die Meßergebnisse zeigen, dass das Geräusch der Windkraftanlage bei einer Windgeschwindigkeit von 8 Metern pro Sekunde etwa ebenso laut ist wie das Windgeräusch.

Auch ein Wechselspiel von Licht und Schatten kann nicht von ausschlaggebender Bedeutung sein.

Dem Widerspruch kann daher nicht abgeholfen werden.

Kostenfestsetzung: ...

Rechtsbehelfsbelehrung: ...

Das Signal, das von diesem Bescheid ausgeht, ist deutlich: Fügen Sie sich in das Unvermeidliche. Sie werden eine Klage verlieren.

Genau so deutlich ist Ihre durch die weiteren Aktivitäten unausgesprochene Botschaft: Das bleibt doch wohl abzuwarten. Nicht Sie entscheiden über den Ausgang des Verfahrens, sondern andere, die unsere Argumente ernsthaft prüfen.

Was Sie bei Erhalt eines Bescheides beachten sollten

Wenn Sie einen Widerspruchsbescheid bekommen haben, ist es ratsam, auf einige Punkte der folgenden Checkliste Acht zu geben:

Was bei Erhalt des Bescheids zu beachten ist

- Sie sollten den Briefumschlag aufbewahren. Im Zweifelsfall – wenn es etwa Unklarheiten über den Tag der Zustellung geben sollte – gilt das auf dem Umschlag aufgedruckte Datum.

- Prüfen Sie die Ablehnungsgründe sehr genau und stellen Sie sich die Frage, ob die Behörde auch tatsächlich in allen Punkten auf Ihre Beschwerde eingegangen ist.

- Beachten Sie genau die Ihnen gesetzte Widerspruchsfrist. Gehen Sie dabei aus vom Eingangstag (Poststempel).

- Legen Sie den Widerspruch nicht ein am letzten Tag der gesetzten Frist. Wie bereits an anderer Stelle betont, muss der Widerspruch am letzten Tag bei der Behörde eingegangen sein; ein Absenden an diesem Tage führt zur „Verfristung".

- Beachten Sie die Rechtsmittelbelehrung. Ist sie unvollständig oder fehlt diese sogar, so ist der Bescheid unvollständig.

- Prüfen Sie, ob Ihr Widerspruch aufschiebende Wirkung hat. Ist dies nicht der Fall, müssen Sie umgehend einen Antrag auf Aussetzung der Vollziehung stellen.

- Legen Sie schriftlichen und eigenhändig unterschriebenen Widerspruch ein; von einem telefonischen Widerspruch ist abzuraten.

- Senden Sie Ihren Widerspruch immer per Einschreiben ab, oder legen Sie diesen persönlich – dann aber gegen Empfangsbestätigung – bei der Behörde vor.

Vgl. Dahmen, 160 ff. i. V. m. §§ 40, 42, 49, 68 VwGO

War die Ablehnung durch die Behörde rechtmäßig?

Mit einem negativen Widerspruchsbescheid können und sollten Sie sich nicht zufrieden geben.

Wichtig: Bevor Sie aber in die nächste Stufe – Klage vor dem Verwaltungsgericht – eintreten, sollten Sie zuerst einmal prüfen, ob die Ablehnung Ihrer Eingabe überhaupt rechtmäßig war.

Finden Sie Fehler in der Ablehnung, könnten Sie ja vielleicht die Behörde dazu veranlassen, sich noch einmal mit Ihrem Widerspruch zu befassen, diesmal unter für Sie günstigeren Vorzeichen.

Überprüfen Sie daher den Bescheid anhand nachfolgender Kriterien:

Rechtmäßigkeit der Ablehnung des Widerspruchs

War die Ablehnung formell rechtmäßig?
- War die Behörde sachlich zuständig?
- War sie instanziell zuständig?
- War sie örtlich zuständig?
- Sind alle Verfahrensvorschriften eingehalten worden?
- Sind alle Formvorschriften beachtet worden?

War die Ablehnung materiell rechtmäßig?
- War eine Ermächtigungsgrundlage erforderlich?
- War eine Ermessensentscheidung möglich?
- Wenn ja:
  - Ermessensmangel?
  - Ermessensüberschreitung?
  - Ermessensfehlgebrauch?

Sind die materiellen Voraussetzungen seit Beantragung geändert worden?
- Hat sich die Rechtslage inzwischen geändert?
- Wenn ja, musste diese berücksichtigt werden?
- Können neue Beweismittel vorgelegt werden, die bisher nicht beigebracht werden konnten?

Vgl. Treder/Rohr, 38 ff. i. V. m. §§ 28, 37, 39 VwVfG

Klage bei Untätigkeit der Behörde

Sollte die Behörde sich in angemessener Frist – hier setzt die VwGO einen Zeitraum von drei Monaten an – überhaupt nicht zu Ihrem Widerspruch geäußert haben, so sollten Sie nicht weiter geduldig abwarten oder gar resignieren, sondern beim Verwaltungsgericht eine Klage wegen Untätigkeit der Behörde einreichen.

§ 75 VwGO

Ist über einen Widerspruch oder über einen Antrag auf Vornahme eines Verwaltungsakts ohne zureichenden Grund in angemessener Frist sachlich nicht entschieden worden, so ist die Klage (...) zulässig.

Dann setzt das Gericht eine Frist fest, innerhalb der die Behörde über Ihren Widerspruch entscheiden muss.

Rechtsbehelfsbelehrung

Die Frist für ein Rechtsmittel kann nur dann zu laufen beginnen, wenn der Beteiligte eine schriftliche Rechtsmittelbelehrung erhalten hat:

- Über seine rechtlichen Möglichkeiten,

- über die Behörde, bei der Rechtsbehelf einzulegen ist, und

- über die einzuhaltende Frist.

Die erforderliche Rechtsbehelfsbelehrung in einem Widerspruchsbescheid müsste folgende Punkte enthalten:

Rechtsbehelfsbelehrung

```
Gegen den (die) ... Bescheid, Verfügung, Anordnung
oder Entscheidung der ... (Bezeichnung und Anschrift
der Behörde, die den Verwaltungsakt erlassen hat) vom
... kann innerhalb eines Monats nach Zustellung dieses
Widerspruchsbescheids Klage beim Verwaltungsgericht
```

in........(Anschrift des nach der VwGO zuständigen Verwaltungsgerichts) schriftlich oder zur Niederschrift des Urkundsbeamten der Geschäftsstelle erhoben werden.

Die Klage muss den Kläger, den Beklagten und den Gegenstand des Klagebegehrens bezeichnen. Sie soll einen bestimmten Antrag enthalten.

Die zur Begründung dienenden Tatsachen und Beweismittel sollen angegeben werden.

Der Klage nebst Anlagen sollen so viele Abschriften beigefügt werden, dass alle Beteiligten eine Ausfertigung erhalten können.

Quelle: Rdschr. des Bundesmin. des Innern vom 23.05.1997 (GMBl. S. 382)

Ermessensentscheidungen

Auch dann, wenn Sie im Widerspruchsbescheid der Behörde etliche Fehler finden, sollten Sie sich keine großen Hoffnungen machen, dass das Amt einknicken wird. Ihr Antrag auf Überprüfung wird abgelehnt. Garantiert.

Die Behörde hat einen großen Ermessensspielraum: Wenn die Ablehnung Ihres Widerspruchs formell und materiell rechtmäßig ist (oder wenn dies behauptet wird), ist die Abweisung rechtmäßig.

Ermessensgrenzen, Ermessensfehlgebrauch

Sind Ermessensentscheidungen zulässig, so hat die Behörde ihr Ermessen entsprechend dem Zweck der Ermächtigung auszuüben und die gesetzlichen Grenzen des Ermessens zu beachten:

§ 40 VwVfG

Ist die Behörde ermächtigt, nach ihrem Ermessen zu handeln, hat sie ihr Ermessen entsprechend dem Zweck der Ermächtigung auszuüben und die gesetzlichen Grenzen des Ermessens einzuhalten.

Im Zweifelsfall prüft das Verwaltungsgericht, ob ein Verwaltungsakt bzw. die Unterlassung oder Ablehnung rechtswidrig war, weil die Behörde die Grenzen des Ermessens über- oder unterschritten hat (§ 114 VwGO).

Die gesetzlichen Grenzen der Ermessensausübung ergeben sich aus dem Verwaltungsverfahrensgesetz, der Verwaltungsgerichtsordnung und den Grundrechten (Verhältnismäßigkeit und Vertrauensgrundsatz).

Ermessensfehlgebrauch ist u. a. gekennzeichnet durch ...

Sachfremde Überlegungen

- nicht entsprechend dem Ziel der Norm
- persönliche Bevorzugung oder Schädigung Einzelner

Strukturelle Begründungsmängel

- Fehlen einer Erklärung
- Scheinbegründung
- widersinnige oder unstimmige Erwägungen
- falsche Erwägungen
- Außerachtlassung bedeutender Aspekte
- unkorrekt festgestellte Tatsachen im Rahmen der Ermessensausübung

---

Quelle: Vgl. Treder/Rohr, 24 i. V. m. § 40 VwVfG und § 114 VwGO

Achtung: Ein Anrecht auf die beantragte Vergünstigung hat der Antragsteller bei einer Ermessensnorm lediglich dann, wenn eine Ermessensreduzierung auf Null vorliegt.

Ist dies nicht gegeben, hat der Antragsteller nur einen Anspruch auf ermessensfehlerfreie Entscheidung (vgl. Treder/Rohr, 40).

Dienstaufsichtsbeschwerde

Nicht nur bei Untätigkeit einer Behörde sollten Sie aktiv werden, sondern auch bei grobem Fehlverhalten eines Sachbearbeiters. In diesem Falle sollten Sie sich unter Umständen zu einer Dienstaufsichtsbeschwerde durchringen.

Wenn Sie von einem Behördenvertreter über Gebühr hingehalten oder mit „Dienst nach Vorschrift" genervt werden, müssen Sie so etwas zuerst einmal hinnehmen.

Wenn aber dieser Beamte mit falschen Karten spielt, seine Pflichten grob vernachlässigt, sich einseitig auf eine Seite (gewiss nicht Ihre) schlägt, Sie falsch informiert, sich also eindeutig unkorrekt verhält, sollten Sie dagegen etwas unternehmen.

Proteste bei den unmittelbar Vorgesetzten haben zumeist keinen Erfolg.

Was Ihnen nun bleibt, ist die Dienstaufsichtsbeschwerde bei der übergeordneten Behörde.

Worauf Sie sich einstellen sollten

Machen Sie sich keine allzu großen Hoffnungen, dass Ihre Beschwerde etwas bewirkt. Von einer Dienstaufsichtsbeschwerde sollte man nicht zu viel erwarten. Sie wird – wenigstens auf den ersten Blick – ohne Wirkung bleiben.

Der Protest, das lehrt die Erfahrung, darauf weisen alle einschlägigen Lehrbücher hin, hat so gut wie niemals Erfolg. Sie kann mit den „drei f" genau charakterisiert werden: fristlos – formlos – FOLGEN-LOS (vgl. Hofmann/Gerke, 239).

Rechnen Sie daher damit, dass auch die übergeordnete Stelle den Beamten unter allen Umständen schützen wird. Sie kann und wird wohl niemals zugeben, dass ein Staatsdiener sich nicht korrekt verhalten hat.

Nachbarwiderspruch

Etwas erreichen Sie doch mit der Beschwerde:

- Ihre Botschaft kommt an, dass Sie alle Möglichkeiten des Widerstandes nutzen werden.

- Der Baurat, der sich falsch verhalten hat, wird fortan bestimmt vorsichtiger sein.

- Sie erreichen für künftige „Bittsteller": Die Beamten werden fortan nicht mehr gar so selbstherrlich, unbekümmert und arrogant sein, werden vielleicht sogar menschlicher und verständiger.

- Und wenn Sie die Beschwerde in die Klageschrift einbauen (das sollten Sie), macht es auch dem Gericht deutlich, was sich „hinter den Kulissen" abspielte. (Das Gericht wird darauf nicht reagieren, es wird in seiner Urteilsbegründung mit keinem Wort auf das Fehlverhalten des Beamten eingehen können. Es ist nicht die Aufgabe des Verwaltungsgerichts, Beamtenverhalten zu untersuchen oder gar zu ahnden. Und doch werden die Anmerkungen gelesen, und man macht sich ein besseres und genaueres Bild.)

Vielleicht erreichen Sie gar einen „Karriereknick" des selbstherrlichen Beamten oder seine Versetzung an eine Stelle, an der er weniger Unheil anrichten kann.

Wie Ihre Dienstaufsichtsbeschwerde aussehen könnte

Dienstaufsichtsbeschwerde

```
Hiermit tragen wir eine Dienstaufsichtsbeschwerde
vor über Herrn N. N., Leiter der Bauaufsicht des Krei-
ses XY.
```

Begründung:

Herr N. N. hat seine Dienstpflichten verletzt und seine Pflichten gegenüber uns als betroffenen Bürgern missachtet.

Im Einzelnen:

Am ... und zuletzt am ... haben wir Herrn N. N. gebeten, uns als direkt betroffene Anlieger vor der Genehmigung einer Windkraftanlage zu informieren und uns so rechtzeitig die Gelegenheit zu einem Nachbarwiderspruch zu geben.

Herr N. N. hat wiederholt versprochen, dieser Bitte nachzukommen. Er hat auch angeblich bereits nach dem ersten Gespräch am ... eine Aktennotiz über unseren Wunsch angefertigt.

In allen Gesprächen hat Herr N. N. außerdem versichert, dass sich der Bauantrag noch in Prüfung befinde.

In einem Gespräch am ... betonte Herr N. N., dass er sich auch bei kleineren Anlagen grundsätzlich orientiere an den Auflagen und Bestimmungen für größere Anlagen und Windparks. Unsere Besorgnis sei daher eigentlich gegenstandslos, da der vorgeschriebene Mindestabstand den vorgesehenen Standort ausschließe.

Für dieses Gespräch kann ein Zeuge benannt werden; eine eidesstattliche Erklärung liegt vor.

Nun müssen wir feststellen, dass die von Herrn N. N. zugesicherten Mindestabstände weit unterschritten worden sind. Heute, nach der Genehmigung der Anlage an einem Standort, den Herr N. N. uns gegenüber kategorisch ausgeschlossen hatte, bleiben uns kaum noch Möglichkeiten, das Projekt zu unterbinden.

Wir fühlen uns durch das Verhalten von Herrn N. N. getäuscht und in unseren Rechten missachtet.

Wenn Herr N. N. meint, sich über seine eigenen Grundsätze hinwegsetzen zu können, so ist das eine Sache. Eine ganz andere aber ist es, betroffene Bürger mit falschen Angaben zu beschwichtigen ...

Nachbarwiderspruch

Es ist nebensächlich, was Sie am Verhalten des Sachbearbeiters beanstandet haben und wie gravierend dessen Fehlverhalten auch war; die Antwort auf Ihre Dienstaufsichtsbeschwerde enthält bestimmt folgenden Kernsatz: Ihre Dienstaufsichtsbeschwerde ist unbegründet. Eine Verletzung der Dienstpflichten hat es zu keiner Zeit gegeben!

Antwort auf Dienstaufsichtsbeschwerde

Sehr geehrte Frau Nachbar, sehr geehrter Herr Nachbar,

Ihren mit der Dienstaufsichtsbeschwerde vom ... gegen Herrn N. N. erhobenen Vorwürfen bin ich nachgegangen.

Meine Feststellungen haben ergeben, dass Herr N. N. seine Dienstpflichten nicht verletzt hat.

Entgegen Ihrer Annahme hat Herr N. N. Sie in den mit Ihnen geführten Gesprächen über die Errichtung einer Windkraftanlage in der Gemarkung ... nicht getäuscht oder falsch informiert.

Der Beamte hat in seiner Stellungnahme zu Ihren Vorhaltungen erklärt, er habe selbst im Zeitpunkt des letzten Gespräches mit Ihnen im Dezember ... keine Kenntnis von dem am ... ergangenen positiven Vorbescheid gehabt.

Entgegen einer internen Dienstanweisung im Bauamt des Kreises D sei ihm der Vorbescheid nicht zur Unterzeichnung vorgelegt worden; der Landrat des Kreises D hat mir bestätigt, dass den beim Kreis vorhandenen Unterlagen keine Hinweise auf einen anderen Verfahrensablauf zu entnehmen sind.

Mit freundlichen Grüßen

Im Auftrage

Kampf um die Nutzungs-untersagung – erste Runde

3

Antrag: Aufhebung der aufschiebenden Wirkung

Widerspruch (und Anfechtungsklage beim Verwaltungsgericht) haben in den „alten" Bundesländern eine aufschiebende Wirkung; die Nutzung der Anlage ist bis auf weiteres untersagt.

Die durch den Widerspruch ausgelöste Nutzungsuntersagung gilt „bis auf weiteres":

- entweder bis die Behörde auf Antrag die Vollziehung ausgesetzt hat,

- oder bis eine Anfechtungsklage eingereicht und diese vom Gericht positiv beschieden worden ist.

Nutzungsuntersagung

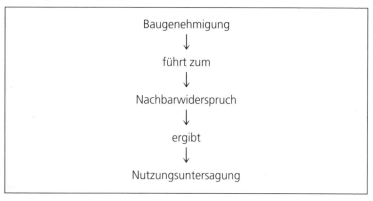

Achtung: In den „neuen" Ländern gilt eine andere Regelung: Das Gesetz zur Beschränkung von Rechtsmitteln in der Verwaltungsgerichtsbarkeit hat für die „neuen" Bundesländer eine bis zum 31.12.2002 geltende Sonderregelung geschaffen.

Nach dieser Verfügung gilt, dass Widerspruch und Anfechtungsklagen eines Dritten in den meisten Verfahren keine aufschiebende Wirkung haben.

Bevor er das Verwaltungsgericht bemüht, wird Herr Windmüller wohl versuchen, an die Behörde heranzutreten und diese zur Aufhebung der aufschiebenden Wirkung zu veranlassen. Denn er will ungeachtet Ihres Nachbarwiderspruchs (den er ohnehin für aussichtslos hält) sofort mit dem Bau der Anlage beginnen.

Somit wird er alles unternehmen, die aufschiebende Wirkung des Nachbarwiderspruchs aufheben zu lassen, und stellt daher bei der Bauaufsichtsbehörde umgehend einen Antrag auf Aussetzung der aufschiebenden Wirkung.

Das Amt, das den Verwaltungsakt erlassen hat, kann die aufschiebende Wirkung des Widerspruchs unter bestimmten Bedingungen aussetzen.

Dabei hat die Behörde eine großen Ermessensspielraum, den sie zumeist nutzen wird, da die VwGO lediglich bestimmt:

§ 80 Abs. 2 VwGO

Die aufschiebende Wirkung entfällt in den Fällen, in denen die sofortige Vollziehung im öffentlichen Interesse oder im überwiegenden Interesse der Beteiligten von der Behörde, die den Verwaltungsakt erlassen oder über den Widerspruch zu entscheiden hat, besonders angeordnet wird.

Und da es – so die gängige und bequeme Interpretation der Behörde – im überwiegenden Interesse eines Beteiligten, nämlich des Herrn Windmüller liegt, die Nutzungsuntersagung aufzuheben, geschieht dies zumeist auch, wenn er einen entsprechenden Antrag stellt.

Zudem ist die Genehmigungsbehörde ja ebenfalls davon überzeugt, dass Herr Windmüller den Prozess gewinnen wird.

Sollte der Landrat dem Windmüller'schen Antrag aber wider Erwarten nicht entsprechen, muss Herr Windmüller klagen, allerdings nicht gegen Sie, sondern gegen die Bauaufsichtsbehörde.

Erfahrungsgemäß reicht die Einreichung der Klage zumeist bereits aus, die zögerliche Behörde, die dem Windmüller ja wohlwollend gegenübersteht, zum Einlenken zu bewegen.

Zudem kann sich das Amt auf die VwGO stützen, die lapidar festlegt:

§ 80a VwGO

Legt ein Dritter einen Rechtsbehelf gegen den an einen anderen gerichteten, diesen begünstigenden Verwaltungsakt ein, kann die Behörde auf Antrag des Begünstigten (…) die sofortige Vollziehung anordnen.

§ 80 Abs. 2 Nr. 4

Die aufschiebende Wirkung entfällt nur (…) in den Fällen, in denen die sofortige Vollziehung im öffentlichen Interesse oder im überwiegenden Interesse eines Beteiligten liegt.

Da die sofortige Vollziehung der Baugenehmigung wohl immer im Interesse eines Beteiligten liegt, kann die Behörde nicht schief liegen:

Aufhebung der aufschiebenden Wirkung – 1 : 0 für Herrn Windmüller.

Gegenantrag: Nutzungsuntersagung

Bevor Sie als Nachbar nun das Verwaltungsgericht anrufen, könnten auch Sie an die Behörde herantreten und versuchen, den Landrat doch noch zu bewegen, die Anlage still zu legen.

Sie könnten und sollten dies versuchen, wenn auch erfahrungsgemäß solche Behörden nur auf starken Druck – etwa über ein Gerichtsurteil – für ihre Bürger tätig werden.

Zuerst schreiben Sie dem Landrat einen Brief, in dem Sie eine annehmbare Bedenkzeit gewähren, Ihrem Antrag nachzukommen.

Sollte Ihr Antrag zurückgewiesen werden, müsste der Behörde klar sein, dass Sie das Gericht nach Ablauf dieser Frist anrufen werden.

Ihr freundliches Schreiben könnte etwa so aussehen:

Antrag auf Nutzungsuntersagung

Die Auswirkungen, die von der Windenergieanlage ausgehen, sind für meine Familie und mich unzumutbar. Der weitere Betrieb der Anlage ist bereits zum gegenwärtigen Zeitpunkt nicht mehr hinnehmbar.

Die Anlage hätte nicht genehmigt werden dürfen.

Wir beantragen,

1. die Stilllegung der Anlage zu verfügen,

2. Herrn Windmüller die Beseitigung und den Abriss der Anlage kurzfristig aufzugeben.

Wir bitten um eine entsprechende Entscheidung bis spätestens zum ...

Sollte bis dahin weder der Abriss noch die Stilllegung der Anlage verfügt worden sein, werden wir uns gezwungen sehen, das Verwaltungsgericht anzurufen.

Auf Ihr herzliches Schreiben werden Sie wohl keine freundliche Antwort erhalten. Vielleicht erklärt man Ihnen lapidar: Wir sehen keinen Anlass, Ihrer Bitte um Erlass einer Stilllegungs- bzw. Abrissverfügung nachzukommen.

Wichtig: Herr Windmüller darf vorerst weiterbauen. Das aber sollte Sie nicht beunruhigen. Mit einer solchen Entscheidung – ob getroffen von der Baubehörde oder vom Verwaltungsgericht – ist weder über Ihren Widerspruch noch über Ihre Anfechtungsklage entschieden worden.

Widerspruch beim Verwaltungsgericht

Der Kampf um die aufschiebende Wirkung wird in zwei Runden ausgetragen:

- Die erste Runde vor dem Verwaltungsgericht,

- die zweite vor dem Oberverwaltungsgericht.

Widerspruch beim Verwaltungsgericht

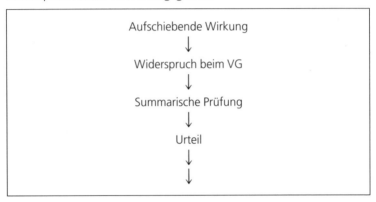

Wenn Sie überzeugt sind von Ihrem guten Recht, dann lassen Sie sich nicht abhalten von Ihrem geplanten Weg.

Ihr Verhalten als „verständiger Durchschnittsmensch" hat man nicht honoriert.

Seien Sie nun kompromisslos, und gehen Sie nach der Ablehnung Ihres Widerspruchs zum Verwaltungsgericht:

- Sie haben ein Recht auf Schutz vor unzumutbaren Belästigungen.

- Sie haben auch einen Anspruch darauf, Ihr Haus verschönern zu dürfen, wenn es niemanden stört, belästigt oder behindert.

- Ihre Kinder und Sie haben ein Recht auf einen ungestörten Schlaf.

- Sie müssen sich darauf verlassen können, dass die Behörden gesetzliche Bestimmungen und Grundsatzurteile beachten und bei ihren Entscheidungen berücksichtigen.

- Sie haben ein Recht auf unparteiische Prüfung Ihrer Beschwerden.

- Sie müssen sich verlassen können auf Zusagen der Sachbearbeiter im Bauamt.

usw.

Summarische Prüfung durch das Gericht

Zuerst suchen Sie beim Verwaltungsgericht nach um die Gewährung einstweiligen Rechtsschutzes und legen Widerspruch ein gegen die Entscheidung auf sofortigen Vollzug der Baugenehmigung.

Ihre Eingabe wird vom Gericht zuerst einer summarischen Prüfung unterzogen.

Ist ein Verfahren als eilbedürftig anzusehen, muss das Gericht relativ schnell zu einer ersten Entscheidung gelangen. Es kann daher die Sachlage nur überschlägig beurteilen und unter Vorbehalt zu einer vorläufigen Entscheidung gelangen.

Wichtig: Der Ausgang des Hauptsacheverfahrens wird durch eine solche Entscheidung keinesfalls vorweggenommen. Es ist durchaus nicht die Aufgabe des Gerichts, im Eilverfahren die Beweisaufnahme des eigentlichen Verfahrens vorwegzunehmen.

Wird daher in einer summarischen Prüfung gegen Sie entschieden, so sollten Sie auf gar keinen Fall resignieren, sondern bedenken:

- Das Gericht prüft nur, ohne dabei bereits in die Einzelheiten zu gehen, im ersten Schritt die Erfolgsaussichten Ihrer Klage: Ist der Erfolg denkbar oder eher unwahrscheinlich?

- Es prüft die Rechtmäßigkeit der angefochtenen Baugenehmigung: Ist diese höchstwahrscheinlich rechtmäßig erteilt worden?

- Ist die Rechtmäßigkeit nach erster Prüfung vermutlich gegeben, muss sie das öffentliche Interesse höher stellen als Ihr Privatinteresse und den Vollzug des Verwaltungsaktes anordnen.

Da der Antrag des Herrn Windmüller bereits vor Ihrer Anfechtungsklage eingereicht worden ist, hat das Gericht in aller Regel noch gar keine Gelegenheit gehabt, sich mit Ihren Argumenten und Beweisen zu befassen. Also konnte es bisher lediglich eine summarische Überprüfung der Sach- und Rechtslage vornehmen.

Ob sich die von Ihnen angefochtene Baugenehmigung als rechtmäßig oder als rechtswidrig erweisen wird, kann nach dieser notgedrungen schnellen Überprüfung nicht vorhergesagt werden.

Daher kann das Verwaltungsgericht kaum anders entscheiden; es wird die Wiederherstellung der aufschiebenden Wirkung ablehnen, da vorläufig keine andere Bewertung vorgenommen werden kann: 1 : 0 für Herrn Windmüller.

Herr Windmüller sollte sich aber nicht zu früh freuen, und Sie müssen sich nicht zu früh ärgern:

Herr Windmüller darf vorerst bauen bzw. die Mühle vorerst weiterlaufen lassen. Einstweilen.

Aber bis zur endgültigen Klärung durch die Gerichte auf eigenes Risiko!

Sollte er verlieren und schließlich die Mühle abbauen müssen, so muss er dies auf eigene Kosten vornehmen lassen. Dann ärgert er sich, und Sie freuen sich.

Antrag: Abänderung des Gerichtsbeschlusses

Das Gericht hatte nach einer summarischen Prüfung der vorliegenden Sachlage entschieden. Es musste sich, wie bereits angemerkt, gegen Sie entscheiden, da die von Ihnen vorgebrachten Argumente und vorgelegten Beweismittel auf den ersten Blick keine andere Entscheidung zuließen.

Nun kann es aber sein, dass sich die Sachlage zu Ihren Gunsten entscheidend verändert hat. Vielleicht können Sie erst heute Belege, Gutachten, Zeugen usw. beibringen, die Ihre Argumentation stützen könnten.

Sollte dies der Fall sein, und sind Sie der festen Überzeugung, dass das Gericht aufgrund der neuen Sachlage nun anders entscheiden müsste, dann sollten Sie einen Antrag auf Abänderung des Beschlusses stellen.

Ein solcher Antrag könnte folgende Form haben:

Antrag: Abänderung des Beschlusses zur aufschiebenden Wirkung

Antrag

Wir beantragen, den Beschluss des Verwaltungsgerichts – Ablehnung unseres Antrags auf Wiederherstellung der aufschiebenden Wirkung – abzuändern und eine Wiederherstellung der aufschiebenden Wirkung zu verfügen.

Begründung

Die Sachlage hat sich inzwischen grundlegend verändert.

Zum einen liegen nun Geräuschmessungen des TÜV XY vor, die belegen, dass die Geräuschimmissionen eine wesentliche Störung darstellen. Außerdem ...

Kampf um die Nutzungsuntersagung – erste Runde

Zum anderen können nun zwei eidesstattliche Erklärungen beigebracht werden, aus denen die erheblichen Belästigungen durch die von der WEA erzeugten Lichtblitze erkennbar sind.

Wir beantragen daher aufgrund der neuen Sachlage, unserem Antrag auf Wiederherstellung der aufschiebenden Wirkung nachzugeben.

Rechtsvertretung

4

Wahlfreiheit und Anwaltszwang

Wahlfreiheit

Vor der Anrufung des Verwaltungsgerichts sollten Sie sich entscheiden, ob Sie sich selbst vertreten oder einen Prozessbevollmächtigten oder Rechtsanwalt heranziehen wollen.

Denn Sie haben beim Verwaltungsgericht die Wahlfreiheit, ob Sie einen Rechtsanwalt hinzuziehen oder ob Sie als Einzelkämpfer auftreten wollen; ein Anwaltszwang besteht nicht.

Bevor Sie den Gang zum Gericht antreten, muss daher die unumgängliche Frage geklärt werden:

- Verzichte ich auf einen Verteidiger und vertrete ich mich selbst?

- Oder lasse ich mich unterstützen?

- Wenn ja, wie lasse ich mich vertreten? Durch einen Rechtsanwalt oder durch eine andere Person meines Vertrauens?

Haben Sie sich entschieden, vorerst ohne Ratgeber auszukommen, und stellt sich dann im Laufe des Verfahrens heraus, dass Sie doch Hilfe benötigen, können Sie sich jederzeit gemäß § 67 Abs. 2 VwGO in jeder Lage des Verfahrens durch einen Bevollmächtigten vertreten lassen und sich in der mündlichen Verhandlung eines Beistands bedienen.

Wichtig: Wenn Sie Unterstützung und Beistand benötigen, müssen Sie nicht unbedingt einen Rechtsanwalt verpflichten; Sie können sich durch jede Person Ihres Vertrauens vertreten und helfen lassen.

Fühlen Sie sich außerstande, selbst die Verhandlungen und den Schriftverkehr zu führen, und haben Sie vielleicht auch nicht die finanziellen Möglichkeiten, einen Anwalt zu engagieren, so müssen Sie trotzdem nicht resignieren.

Unter Umständen gibt es jemanden in der Verwandtschaft oder Bekanntschaft, der Ihnen helfen kann. Womöglich haben Sie ja auch jemanden bei der Anhörung kennen gelernt, den man fragen könnte. Möglicherweise ...

Die Person Ihres Vertrauens muss keine Fertigkeits- und Kenntnisprüfungen ablegen.

Nahezu jedermann kann Ihnen beistehen. Die einzige Bedingung: Der Beistand muss zum sachgemäßen Vortrag fähig sein (§ 67 Abs. 2 VwGO).

Ihr Mitstreiter erhält dann von Ihnen eine schriftliche Vollmacht, die dem Gericht eingereicht werden muss.

Sobald diese der Geschäftsstelle der Gerichtsbehörde vorliegt, gehen, wenn Sie dies wünschen, künftig alle Zustellungen und Mitteilungen des Verwaltungsgerichts direkt an dessen Adresse.

Anwaltszwang

Beim Oberverwaltungsgericht und beim Bundesverwaltungsgericht muss sich jeder Beteiligte, sofern er einen Antrag stellt, eine Berufung einlegt oder eine Beschwerde gegen Nichtzulassung einer Beschwerde, vertreten lassen.

Dieser Bevollmächtigte muss sein:

- Entweder ein Rechtsanwalt
- oder ein Hochschullehrer (Rechtslehrer an einer deutschen Hochschule).

Für „juristische Personen des öffentlichen Rechts" und Behörden gelten andere Bestimmungen, die uns hier nicht interessieren müssen. Siehe bei Bedarf: § 67 VwGO.

Der geeignete Anwalt

Grundsätzlich ist jeder Rechtsanwalt mehr oder weniger qualifiziert, Sie vor den Verwaltungsgerichten zu vertreten.

„Weniger qualifiziert" aber sollte nicht reichen, wenn es um die Vertretung in einer für Sie so wichtigen Angelegenheit geht.

- Suchen Sie sich einen Fachanwalt für Verwaltungsrecht. Ein solcher muss besondere Qualifikationen nachweisen und dies vor der Rechtsanwaltskammer belegen, wenn er die Bezeichnung „Fachanwalt" verwenden will.

- Verzichten Sie auf einen Anwalt, der etwa angibt, er habe den Interessen- und/oder Tätigkeitsschwerpunkt Verwaltungsrecht. Das sagt nichts aus über seine Fachqualifikation für den Spezialbereich Verwaltungsrecht; wer sich für etwas interessiert, muss nicht unbedingt auch dafür qualifiziert sein. Wer in einem Bereich tätig ist, muss nicht immer dort auch erfolgreich sein.

Achtung: Readers-Digest-Experten gibt es in allen Bereichen wie Sand am Meer. Sie sind vielleicht für vieles brauchbar, aber nicht für Ihren Fall.

Wie finde ich meinen Anwalt?

Um den geeigneten Anwalt für Ihren Fall zu finden, können Sie mehrere Wege beschreiten.

Branchenadressbuch

In den Branchenadressbüchern finden Sie unter der Kategorie „Rechtsanwälte" alle Anwälte und Kanzleien Ihres Bezirks aufgelistet.

Achten Sie auf die Unterteilung in die Rubriken

- Rechtsanwälte

- Fachanwälte

- Rechtsanwälte mit Tätigkeitsschwerpunkten

- Rechtsanwälte mit Interessenschwerpunkten

Bestehen Sie aus den genannten Gründen auf einen Fachanwalt.

Anwaltskammer

In vielen größeren Orten findet man Standesvertretungen der Anwälte. Dort wird man Ihnen einen oder mehrere Fachanwälte nachweisen können.

Anwalt-Suchservice

Der Anwalt-Suchservice ist ein Informationsdienst für juristische Dienstleistungen (Tel. 01 80/5 25 45 55).

Hier können Sie Nachweise bekommen über den für Sie geeigneten Anwalt in Ihrer Region.

Anwaltsverzeichnis auf CD-ROM

Sie können sich auch eine CD-ROM als elektronisches Anwaltsverzeichnis kaufen oder ausleihen. Auf der CD-ROM finden Sie über 90 000 Anwälte verzeichnet und zahlreiche Suchkriterien, mit denen Sie den für Sie richtigen Rechtsanwalt herausfinden können; im Buchhandel erhältlich.

Mundpropaganda

Am besten wäre es, einen Rechtsbeistand zu finden, der sich schon in einem ähnlichen Fall hervorgetan hat. Eine Rechtsanwältin, die bereits eine Klage gegen einen Schweinemastbetrieb in einem reinen Wohngebiet durchgesetzt hat, ist sicherlich besser geeignet als ein Rechtsanwalt, der sich zwar für Verwaltungsrecht „interessiert", bisher aber nur Verkehrsrowdies verteidigt hat.

Gehen Sie ins Zeitungsarchiv und sichten Sie die Berichte über Fälle, die dem Ihren ähnlich sind. Dort werden Sie auch auf Namen und Institutionen stoßen. Rufen Sie an, schreiben Sie, fragen Sie. Auch ein Anruf bei der Geschäftsstelle des Verwaltungsgerichts kann Ihnen weiterhelfen.

Gebühren

Anwälte rechnen nach einer Gebührenordnung ab, die bundesweite Geltung hat. Entscheidend für die Berechnung des Honorars ist der so genannte Streitwert.

Wichtig: Die Anwaltsgebühr ist frei verhandelbar. Der Rechtsanwalt hat selbstverständlich einen Ermessensspielraum. Es ist ihm überlassen, ob er die Gebührenordnung überhaupt zugrunde legt, ob er die volle Gebühr oder eine Teilgebühr ansetzt.

Auch ist es möglich und in vielen Fällen sinnvoll, mit dem Anwalt eine Pauschale für einen bestimmten Verfahrensabschnitt – etwa für die Klage beim Verwaltungsgericht – zu vereinbaren.

Für den nächsten Schritt, die Klage beim OVG, muss dem Rechtsanwalt ein neues Mandat erteilt werden und mit ihm eine neue Honorarvereinbarung getroffen werden.

Auf jeden Fall aber ist es unbedingt erforderlich, die Honorarfrage rechtzeitig, d. h. vor der Mandatserteilung zu klären.

Ist Einigkeit erzielt worden, sollte eine schriftliche Honorarvereinbarung formuliert werden. Diese könnte folgenden Zuschnitt haben:

Muster einer Honorarvereinbarung mit dem Rechtsanwalt

Honorarvereinbarung

zwischen

Herrn Hans-Peter Nachbar, aus ... (Mandant) und

den Rechtsanwälten Dr. Beckmesser und Partner, ... (Anwälte)

§ 1

Für die Vertretung des Mandanten in dem beim Verwaltungsgericht anhängigen Verwaltungsstreitverfahren gegen ... betreffend ...

- für die Erhebung der Klage,

- für die Einsichtnahme in den Verwaltungsvorgang,

- für die Begründung der Klage,

- für die Teilnahme an etwaigen Ortsterminen,

- für die Wahrnehmung der Verhandlungstermine vor der Kammer,

- für eventuelle Stellungnahmen bzw. die Abfassung weiterer Schriftsätze,

wird ein Pauschalhonorar von 1.800,- DM (in Worten ...) vereinbart.

Hinzu kommen lediglich Auslagen (Porto-, Kopier-Fahrtkosten usw.) sowie die gesetzliche Mehrwertsteuer. Das Honorar ist auf Anforderung fällig.

§ 2

Die Anwälte haben darauf hingewiesen, dass sich eventuelle Kostenerstattungsansprüche auf die gesetzlichen Gebühren beschränken.

Meggerholm, den ...   Unterschriften

Achtung: Ein Pauschalhonorar ist zulässig, nicht aber ein Erfolgshonorar; dies ist standeswidrig.

Wechsel des Anwalts

Es heißt zwar, man solle nicht mitten im Fluss die Pferde wechseln, da dies häufig schief gehen wird. Doch wenn es die Situation erfordert (das Pferd ist ertrunken oder unser Rechtsanwalt ist eine Niete), muss man sich wohl oder übel voneinander trennen.

Das sollten Sie wissen

Man kann das Mandat jederzeit beenden. Nach dem Bürgerlichen Gesetzbuch ist eine fristlose Kündigung möglich.

Achtung: Der Gebühren- und Honoraranspruch des Anwalts wird dadurch nicht berührt: Wird dem Anwalt gekündigt, so kann er einen seinen bisherigen Leistungen entsprechenden Teil der Vergütung verlangen (§ 628 Abs. 1 BGB).

Es sei denn, die Kündigung wurde wegen vertragswidrigen Verhaltens des Anwalts ausgesprochen.

Wichtig: Arbeitet der Anwalt nicht zu Ihrer Zufriedenheit, ist er ein Versager oder gar unwillig, sollte man Schluss machen. Sofort, bevor er Sie durch seine Inkompetenz geschädigt hat. Und sollte der Anwalt Ihnen nachweislich geschadet haben, können Sie ihn auch zur Rechenschaft ziehen lassen.

Sollte der Wechsel des Anwalts während eines laufenden Verfahrens erfolgen, so ist dieser dem Gericht mitzuteilen.

Aber auch der Anwalt kann sein Mandat zurückgeben. Kündigt er aus einem nichtigen Grund oder mitten in einem Verfahren, so ist er schadensersatzpflichtig.

Hat er einen wichtigen Anlass für seinen Rückzug – begleicht der Mandant etwa die (Zwischen-)Rechnungen nicht, beleidigt er den Verteidiger usw. –, so hat der Rechtsanwalt ein Recht auf fristlose Aufgabe des Mandats.

Anfechtungsklage

5

Rechtsmittel in Verwaltungsgerichtsverfahren

Will man sich gegen einen Verwaltungsakt zur Wehr setzen oder möchte man Entscheidungen der Behörden und der Gerichte und Gerichtsurteile korrigieren, so hat man die Möglichkeit der Einlegung von

- Rechtsmitteln: Klage vor einem Verwaltungsgericht usw. oder von

- Rechtsbehelfen: Anrufung der Behörde mit Gesuchen und Beschwerden.

Rechtsbehelfe

Einsprüche, Einwände oder Aufsichtsbeschwerden sind weder an Fristen noch an Formen gebunden und gewähren zudem keinen sicheren Schutz: Die Behörde muss zwar antworten, ist aber nicht gehalten, einen neuen Verwaltungsakt vorzunehmen oder den bereits erlassenen abzuändern.

Diese Maßnahmen sind keine Rechtsmittel, sondern Rechtsbehelfe. Ihre Kennzeichen: formlos, fristlos und zumeist folgenlos (siehe auch „Dienstaufsichtsbeschwerde" auf S. 97 ff.

Rechtsmittel

Rechtsbehelfe, die die „Sache" vor eine höhere Instanz bringen, heißen „Rechtsmittel". Kennzeichen der Rechtsmittel:

- Devolutiveffekt: die Entscheidungsbefugnis wird auf eine höhere Instanz übertragen und

- Suspensiveffekt: das Rechtsmittel hemmt die Wirksamkeit der angefochtenen Entscheidung. Ein suspensives Rechtsmittel verhindert den Eintritt der Rechtskraft und dessen Vollstreckung bis zur Entscheidung der höheren Instanz.

In Verwaltungsgerichtsverfahren sind die Rechtsmittel gegen alle Entscheidungen und Urteile: Beschwerde, Berufung und Revision.

Beschwerde

Sie dient dem Widerspruch gegen Entscheidungen des Verwaltungsgerichts, des Vorsitzenden oder des Berichterstatters, die nicht Urteile oder Gerichtsbescheide sind.

Das Oberverwaltungsgericht entscheidet über die Beschwerde.

Gegen Entscheidungen dieses Gerichts – etwa bei Nichtzulassung der Revision – ist Beschwerde beim Bundesverwaltungsgericht zulässig.

Die Einlegung einer Beschwerde hemmt die Rechtskraft des Urteils.

Berufung

Die Berufung ist das Rechtsmittel gegen End-, Teil- und Zwischenurteile des Verwaltungsgerichts, das dem Oberverwaltungsgericht als Berufungsinstanz eingelegt wird.

Wichtig: Die Stellung eines Berufungsantrags hemmt die Rechtskraft des angefochtenen Urteils.

Revision

Eine Revision dient der Überprüfung eines Urteils des OVG durch das BVerwG. Sie bedarf der Zulassung durch das OVG.

Wichtig: Die Rechtskraft des Urteils ist bis zur Revisionsentscheidung ausgesetzt.

Anfechtungsklage

Die Nichtzulassung der Revision kann durch eine Beschwerde angefochten werden, die bei dem Gericht, gegen dessen Urteil Revision eingelegt werden soll, eingereicht werden muss.

Wichtig: Die Einlegung der Beschwerde hemmt die Rechtskraft des Urteils.

Sprungrevision

Gegen das Urteil eines Verwaltungsgerichts steht den Beteiligten die Revision unter Umgehung der Berufung zu, wenn Kläger und Beklagte schriftlich zustimmen und das Verwaltungsgericht dies durch Beschluss zulässt.

Rechtsmittel im Verwaltungsgerichtsverfahren

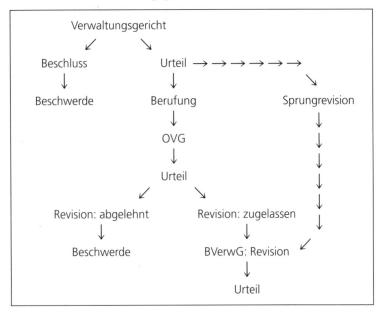

Klagevoraussetzungen

Bei allen Streitigkeiten, die den Verwaltungsrechtsweg gehen müssen, ist in der ersten Instanz – im „ersten Rechtszug" – das Verwaltungsgericht zuständig.

Klagebefugnis

Kann jemand plausibel behaupten, dass er durch den von ihm beanstandeten Verwaltungsvorgang in einem ihm zustehenden Recht verletzt worden ist, hat er auch eine Klagebefugnis.

Somit geht es bei der Klage um eigene Rechte des Klägers, die möglicherweise verletzt worden sind.

Zulässigkeit der Klage

Die Klage ist zulässig, wenn der Kläger geltend machen kann, dass er durch einen Verwaltungsakt oder durch dessen Unterlassung oder durch eine Ablehnung seiner Einrede usw. in seinen Rechten verletzt worden ist (§ 42 Abs. 2 VwGO).

Der Kläger muss überzeugend vorbringen,

- dass der Verwaltungsakt rechtswidrig ist bzw. sein könnte und
- dass dieser seine subjektiv-öffentlichen Rechte verletzt.

Daraus ergibt sich in der Umkehrung: Die Klage ist unzulässig, wenn offensichtlich und eindeutig nach keiner Betrachtungsweise die vom Kläger behaupteten Rechte bestehen oder ihm zustehen können (vgl. Würtenberger, 125).

Vorbedingungen der Klage

Die Klage beim Verwaltungsgericht setzt voraus, dass

- vom Kläger ein Widerspruchsverfahren (Nachbarwiderspruch) durchgeführt worden ist,

Anfechtungsklage

- das Widerspruchsverfahren ordnungsgemäß – d. h. form- und fristgerecht – abgelaufen ist,

- das Widerspruchsverfahren erfolglos durchgeführt worden ist. Aber das versteht sich von selbst: Hat man mit seinem Widerspruch Erfolg, erübrigt sich die Klage beim Verwaltungsgericht.

Vorbedingungen einer Klage beim Verwaltungsgericht

Rechtswidriger Verwaltungsakt
↓
führt zum
↓
Nachbarwiderspruch
↓
wird abgelehnt mit
↓
Widerspruchsbescheid
↓
zwingt zur
↓
Klage beim Verwaltungsgericht

Klagefrist

Vom Tage der Zustellung des Widerspruchsbescheids an haben Sie einen Monat Zeit für die Anfechtungsklage.

Wichtig: Die Klage muss innerhalb dieser Frist beim Gericht eingehen; es genügt nicht, die Schrift am letzten Tag der Frist abzusenden.

Sollten Sie die Klage bei einem nicht zuständigen Gericht eingereicht haben, so wird die Klagefrist trotzdem gewahrt. (Im Unterschied zum Nachbarwiderspruch. Dieser muss bei der zuständigen Stelle eingereicht werden.)

Klagearten

Bei der Klage vor dem Verwaltungsgericht sind zwei Klagearten zu unterscheiden:

- Anfechtungs- und Verpflichtungsklage und

- Feststellungsklage.

- (Sonderfall: Unterlassungsklage)

Anfechtungs- und Verpflichtungsklage

Mit einer Klage möchte man

- die Aufhebung eines Verwaltungsaktes (etwa Baugenehmigung) bewirken = Anfechtungsklage. Oder man möchte

- erreichen, dass die Behörde dazu verurteilt wird, einen abgelehnten oder unterlassenen Verwaltungsakt (z. B. Zurückweisung des Nachbarwiderspruchs) rückgängig zu machen = Verpflichtungsklage.

Feststellungsklage

Die VwGO bestimmt:

§ 43 Abs. 1 VwGO

Durch Klage kann die Feststellung des Bestehens oder Nichtbestehens eines Rechtsverhältnisses oder der Nichtigkeit eines Verwaltungsakts begehrt werden, wenn der Kläger ein berechtigtes Interesse an der baldigen Feststellung hat.

Anfechtungsklage

Hat man dieses berechtigte Interesse an einer baldigen Klärung, beantragt man

- entweder die Feststellung des Bestehens oder Nichtbestehens eines Rechtsverhältnisses,
- oder das Eingestehen der Nichtigkeit eines Verwaltungsaktes.

Verfahrensbeteiligte

Verfahrensbeteiligte sind der

- oder die Kläger/Antragsteller
- Beklagte/Antragsgegner
- Beigeladene

Der Beklagte

Man klagt in der Regel gegen den, der für die Störung mittelbar oder unmittelbar verantwortlich ist; dies ist der Beklagte.

Achtung: Bei dem Protest gegen eine Baugenehmigung aber erheben Sie Nachbarklage gegen die Baugenehmigungsbehörde. Diese ist hier „die Beklagte" oder der Antragsgegner.

Der Beigeladene

Da durch die Klage aber auch die rechtlichen Interessen Dritter (etwa des Herrn Windmüller) berührt werden, sind diese gegebenenfalls als „Beigeladene" zu hören.

Formen der Beiladung

Es werden zwei Formen der Beiladung unterschieden:

Notwendige Beiladung

Sind an dem Rechtsstreit „Dritte" so beteiligt, dass die Entscheidung auch ihnen gegenüber nur einheitlich ergehen kann, so müssen diese beigeladen werden.

Bei Klagen gegen Baugenehmigungen ist der Bauherr in jedem Fall beizuladen.

Achtung: Wird jemand, dessen Beiladung notwendig ist, vom Gericht nicht hinzugezogen, so liefert dieser Verfahrensfehler einen Revisionsgrund.

Einfache Beiladung

In der Regel wird auch derjenige geladen, dessen Interessen durch Ihre Klage direkt oder indirekt berührt werden.

Das Gericht kann, so lange das Verfahren noch nicht rechtskräftig geworden ist, alle, deren rechtliche Interessen durch die Entscheidung tangiert werden, beiladen (§ 65 Abs. 1 VwGO).

Erfolgsaussichten einer Klage

Sowohl Verwaltungs- als auch Oberverwaltungsgericht prüfen in einem ersten Schritt, ob die eingereichte Klage

- zulässig und
- begründet ist.

Daher sollten auch Sie vor Einreichung Ihrer Klage diese beiden Gesichtspunkte untersuchen.

Checkliste: Erfolgsaussichten einer Anfechtungsklage
Ist meine Klage zulässig?
JA, wenn das angerufene Gericht nach den Gesetzen (etwa nach der VwGO) für meinen Fall zuständig ist.
JA, wenn die Klageart die richtige ist. Anfechtungsklage? Verpflichtungsklage? Feststellungsklage?
JA, wenn ich zur Klage befugt bin. Das bin ich, wenn ich durch den Verwaltungsakt in meinen Rechten verletzt worden bin.
JA, wenn ich ein Vorverfahren (= Nachbarwiderspruch) durchgeführt habe.

Anfechtungsklage

Ist meine Klage begründet?

JA, wenn ich glaubhaft machen kann, dass durch einen Verwaltungsakt meine Rechte verletzt worden sind bzw. verletzt werden könnten.

JA, wenn die Rechtswidrigkeit der Verwaltungsanordnung festgestellt wurde. Diese wurde geprüft u. a. an der Checkliste (siehe Kapitel „Nachbarwiderspruch"):

- Fehlende sachliche, instanzielle oder örtliche Zuständigkeit
- Nichteinhaltung von Vorschriften (etwa Verzicht auf vorgeschriebene Anhörungen)
- Missachtung von Formvorschriften
- Materielle Fehler

Vgl. Treder/Rohr, 107 ff. i. V. m. §§ 42, 80, 80a, 82 VwGO

Praxis-Tipp:

Zur Erinnerung: Im Kapitel „Nachbarwiderspruch" finden Sie auch eine Checkliste „Anfechtbarkeit eines Verwaltungsaktes". Eine wichtige Frage in dieser Liste ist die nach der Rechtswidrigkeit einer behördlichen Anordnung.

Ein Verwaltungsakt ist rechtswidrig, wenn dieser sich durch Fehler (Verfahrensfehler, Formfehler) auszeichnet, die nicht nachträglich geheilt werden können.

Der Verwaltungsakt ist damit aber nicht automatisch auch ungültig.

Ein rechtswidriger Verwaltungsakt ist erst dann nichtig und damit ungültig, wenn er offensichtlich an einem besonders schwer wiegenden Fehler leidet (§ 44 Abs. 1 VwVfG).

Nichtige Verwaltungsakte können sein:

- Aus dem Erlass ist die anordnende Behörde nicht zu ersehen.
- Das Amt war für den Erlass weder zuständig noch ermächtigt.
- Es wird eine rechtswidrige Handlung verlangt.
- Der Verwaltungsakt verstößt gegen die guten Sitten.

Verwirkung des Klagerechts

Versäumung der Widerspruchsfrist

Wer die Widerspruchsfrist versäumt hat, hat nun Probleme mit der Zulassung seiner Berufung.

Es sei denn, er kann dem Verwaltungsgericht gute Gründe für seine Fristversäumnis angeben.

Beispiel:

Im Sommer 1998 wurde eine Bauerlaubnis für eine WEA erteilt, die dann im Frühjahr 1999 errichtet wurde.

Der Nachbarwiderspuch wurde aber erst im Februar 2000 eingereicht, also etwa ein Jahr nach der Errichtung der WEA.

Daraufhin wurde der Widerspruch abgelehnt.

Die Behörde: Sie haben Ihre Widerspruchsbefugnis wegen Versäumung der Widerspruchsfrist verwirkt. Spätestens zum Zeitpunkt der Errichtung der Windkraftanlage wussten Sie von der Baugenehmigung für die WEA. Sie haben die Rechtsmitteleinlegung um nahezu ein Jahr verzögert. Ihr Widerspruch ist somit unzulässig!

Ist Ihnen so etwas Ähnliches unterlaufen, können Sie nun einen Antrag stellen, in dem Sie überzeugend begründen, dass Ihre Klage trotz der Fristversäumnis nicht abgewiesen werden sollte. Das ist nicht einfach.

Und ob Ihre Eingabe akzeptiert wird, ist nicht vorherzusagen.

Doch sollten Sie es auf jeden Fall versuchen.

Antrag auf Zulassung trotz Fristversäumnis

Eine Verwirkung meiner Widerspruchsbefugnis käme nur in Betracht, wenn ich in unredlicher, gegen Treu und Glauben verstoßender Weise die Rechtsmitteleinlegung verzögert hätte.

Anfechtungsklage

1. Meine Handlungsweise könnte nur dann als treuewidrig angesehen werden,

   ■ wenn ich bereits über längere Zeit von dem Anlass meiner Rechtsmitteleinlegung Kenntnis gehabt hätte und

   ■ wenn ich durch Nichtstun bei Behörde und Betreiber den Eindruck erweckt hätte, die Anlage zu dulden und meine Befugnis zur Geltendmachung von Nachbarrechten nicht wahrzunehmen.

2. Erst mit der Inbetriebnahme der Anlage traten die von dieser ausgehenden erheblichen Einwirkungen auf; sie konnten daher gar nicht früher wahrgenommen werden.

3. Um das Ausmaß der akustischen und optischen Auswirkungen – wie Lichtreflexe, Geräusche und Schlagschatten – einschätzen zu können, musste ich diese über einen längeren Zeitraum beobachten, bevor ich diese als „wesentlich" bzw. „unwesentlich" einstufen konnte.

   Erst nach einem Jahr und damit erhebliche Zeit nach Errichtung der Anlage konnte ich das Ausmaß der unzumutbaren Beeinträchtigungen zu unterschiedlichen Jahreszeiten und bei wechselnden Sonnenständen und Windgeschwindigkeiten realistisch einschätzen.

4. Damit hatte ich erst im Frühjahr 2000 Anlass zu rechtsförmlichen Schritten.

5. Man muss somit davon ausgehen, dass

   ■ weder meine Widerspruchsfrist abgelaufen ist,

   ■ noch mein Widerspruchsrecht verwirkt ist.

6. Somit erweist sich der von mir eingelegte Widerspruch als zulässig. Daraus ergibt sich

7. dass der Beklagte meinen Widerspruch zu Unrecht als unzulässig zurückgewiesen hat. Ich beantrage daher

8. den Widerspruchsbescheid aufzuheben.

Verwirkung des Klagerechts wegen Untätigkeit

Grundsätzlich sind allgemeine Leistungs- und Einstellungsklagen zeitlich unbefristet zulässig.

Allerdings kann man sein Klagerecht durch Untätigkeit verlieren.

Beispiel:

Haben Sie von einer Baumaßnahme Kenntnis gehabt, jedoch von Ihrem Widerspruchs- oder Klagerecht gegen dieses Bauvorhaben lange Zeit keinen Gebrauch gemacht und damit den Beteiligten (Baubehörde, Bauherr usw.) indirekt zu verstehen gegeben, dass Sie das Projekt tolerieren, haben Sie Ihr Prozessrecht verwirkt.

Die Beteiligten konnten wegen Ihrer Untätigkeit davon ausgehen – Grundsatz von Treu und Glauben –, dass Sie nicht gegen das Vorhaben angehen würden.

Freiwilliger Verzicht auf das Klagerecht

Eine Möglichkeit habe ich bereits erwähnt: die Nachbarunterschrift.

Mit seiner Unterschrift unter den Bauantrag des Herrn Windmüller etwa hat der Nachbar seinen Rechtsverzicht erklärt.

Somit ist eine spätere Klage unzulässig, wenn der Kläger sein Klagerecht aufgegeben hat, entweder indirekt über die Nachbarunterschrift oder direkt durch eine entsprechende schriftliche Erklärung, die er unter Umständen gegen Bezahlung abgibt.

Auch ein anderer Fall ist denkbar. Verzicht sprechen Sie auch in folgendem konstruierten Fall indirekt aus:

Herr Windmüller kauft Ihnen einen Streifen Ihres Grundstücks ab, da er diesen, wie er Ihnen gegenüber betont, für seine geplante Windenergieanlage auf dem Nachbargrundstück zusätzlich benötige.

Anfechtungsklage

Mit dem Verkauf der Parzelle ermöglichen Sie ihm vielleicht erst den Bau einer Anlage, die Ihnen unzumutbare Beeinträchtigungen bringen würde.

Achtung: Mit der Veräußerung haben Sie Ihr Klagerecht aufgegeben.

Verzicht durch Zurücknahme der Klage

Schließlich können Sie jederzeit bis zur Rechtskraft des Urteils auf Ihre Klage verzichten.

Die Zurücknahme setzt die Einwilligung des Beklagten voraus.

Gilt die Klage als zurückgenommen, erklärt das Gericht das Verfahren durch Beschluss für beendet.

Die Klage

Wie beim Nachbarwiderspruch muss die Klage schriftlich erfolgen bzw. dem Urkundsbeamten des Gerichts zur Niederschrift übergeben werden (§ 81 VwGO).

Klageschrift

Die Klageschrift muss erkennen lassen:

- Wer klagt (Kläger),
- wer beklagt wird (Beklagter),
- den Gegenstand des Klagebegehrens (Klageantrag),
- welcher Antrag gestellt wird (Antragsziel),
- welche Tatsachen und Nachweise zur Begründung der Klage herangezogen werden sollen.

Reichen die Beweismittel nicht aus, könnte man einen ergänzungsbedürftigen Antrag nachbessern und unter Umständen auch eine eidesstattliche Versicherung beifügen.

Feststellung der Tatsachen durch das Gericht

Der Antragsteller sollte alle Hinweise, die für eine Entscheidung des Gerichts in seinem Sinne relevant sein könnten, glaubhaft darlegen. Tatsachen, die offenkundig und gerichtskundig sind, müssen nicht zusätzlich durch Beweismittel belegt werden.

Achtung: Zwar muss das Gericht von sich aus alle Ermittlungsmöglichkeiten nutzen, um den Sachverhalt so umfassend wie möglich aufzuklären, doch sollten der Kläger alles daran setzen, möglichst viele entscheidungserhebliche Tatsachen glaubhaft zu machen.

Alle Erkenntnismittel, die zu einer Klärung des Sachverhalts beitragen können, sind zulässig und sollten auch ausgeschöpft werden, z. B. Urkunden, Sachverständigengutachten, Literaturhinweise, behördliche Auskünfte, Gesprächsnotizen, Videoaufnahmen, schriftliche und mündliche Aussagen, ärztliche Atteste usw.

Zusätzlich kann man, wenn es geboten scheint, auch eine eidesstattliche Versicherung beibringen.

Versicherung an Eides statt

Wenn andere Mittel zum Beleg von Tatsachenbehauptungen nicht vorhanden sind, kann man unter Umständen auf die Glaubhaftmachung durch eine eidesstattliche Versicherung zurückgreifen.

Beispiel:

Ist für den Berichterstatter des Gerichts bei einer Ortsbegehung nicht erkennbar, dass von einer WEA Lichtblitze ausgehen (Vorführeffekt: gerade an diesem Tag ist der Himmel völlig bedeckt), so kann er dies auch nicht in sein Protokoll aufnehmen. Schlecht für Sie.

Sicherlich aber gibt es andere Personen, die an anderen Tagen diese Blitze sehr wohl registriert haben und dies auch bezeugen könnten, vielleicht sogar beeiden würden.

Anfechtungsklage

§ 27 VwVfG

Grundsätzlich soll laut VwVfG eine eidesstattliche Versicherung nur gefordert werden, wenn andere Mittel zur Erforschung der Wahrheit nicht vorhanden sind, zu keinem Ergebnis geführt haben oder einen unverhältnismäßig hohen Aufwand erfordern.

Daher wird eine solche Versicherung auch nur sehr selten verlangt.

Aber Sie können von sich aus zur Stützung Ihrer Behauptungen eine solche Versicherung beibringen.

Bleiben wir bei unserem Beispiel: Etliche Besucher haben diese Lichtblitze gesehen und wollen dies auch bezeugen.

Ist jemand bereit zu einer eidesstattlichen Erklärung, so muss er vor der Abgabe über die Bedeutung einer eidesstattlichen Versicherung aufgeklärt worden sein.

Dieser hilfsbereite Mensch

- darf selbstverständlich nicht eidesunfähig im Sinne der Zivilprozessordnung (§ 393 ZPO) sein;

- er muss auch über die strafrechtlichen Folgen einer unrichtigen oder unvollständigen Versicherung an Eides statt informiert worden sein;

- er sollte daher tunlichst die strengen Bestimmungen des Strafgesetzbuches (StGB) kennen.

§ 156 StGB

Die Abgabe einer vorsätzlich falschen eidesstattlichen Versicherung kann mit Freiheitsstrafe bis zu drei Jahren oder einer Geldstrafe geahndet werden.

§ 161 Abs. 1 StGB

Bei fahrlässiger Abgabe: Freiheitsstrafe bis zu einem Jahr oder Geldstrafe.

Und weiter:

Wer zu einer falschen eidesstattlichen Versicherung anstiftet: bis sechs Monate Freiheitsstrafe oder Geldstrafe.

Schließlich:

Wer erfolgreich zu einer falschen Versicherung anstiftet: bis zu zwei Jahren Haft oder Geldstrafe.

Inhalt der eidesstattlichen Versicherung

Die Versicherung besteht darin, dass der Versichernde (der „Unterzeichnete")

- eine Erklärung über den Tatbestand abgibt (ich habe gesehen, dass …)

- die Richtigkeit seiner Versicherung bestätigt und

- erklärt: Ich versichere an Eides statt, dass ich nach bestem Wissen die reine Wahrheit gesagt und nichts verschwiegen habe (§ 27 Abs. 4 VwVfG).

- Schließlich wird bestätigt, über die Bedeutung einer eidesstattlichen Versicherung aufgeklärt worden zu sein.

Eidesstattliche Versicherung

Hans Anlieger

Dünkeldorf

Hinterm Zaun 4

Eidesstattliche Versicherung

Ich, der Unterzeichnete, Hans Anlieger, geb. am 30.01.1956 in Dünkelstadt, wohnhaft in Dünkeldorf, Hinterm Zaun 4, versichere nach Belehrung über die Folgen der Abgabe einer falschen eidesstattlichen Versicherung Folgendes an Eides statt:

Ich habe mehrfach in unterschiedlichen Jahreszeiten bei meinen Besuchen bei der Familie Nachbar im Inneren des Hauses durch die benachbarte Windenergieanlage erzeugte Lichtblitze feststellen können, zuletzt am

22.01.2000 gegen 14.30 Uhr. Einem Lichtblitzgewitter gleich wurden die Sonnenstrahlen durch die Fenster der Hauseingangstür in den Flur des Hauses bis in das auf der Rückseite liegende Badezimmer reflektiert.

Zur selben Seite des Hauses liegen zwei Wohnräume, das Schlafzimmer und das Arbeitszimmer. Mit wandernder Sonne sind auch diese Räume betroffen, so dass der Aufenthalt dann nur in der rückseitigen Küche möglich ist. Und selbst dort war, wenn die Zwischentür geöffnet war, das ständige blitzartige Flackern noch sehr deutlich wahrnehmbar.

Dünkeldorf, den 19.03.2000

Unterschrift

Aufbauschema einer Anfechtungsklage

Dem Klageantrag beigefügt werden muss die angefochtene Verfügung bzw. der Widerspruchsbescheid, entweder im Original oder in der Abschrift.

Sollte die Klage in diesen Punkten nicht vollständig sein, so werden Sie zur erforderlichen Ergänzung der Unterlagen aufgefordert.

Aufbauschema einer Anfechtungsklage
A. Sachurteilsvoraussetzungen
I. Eröffnung des Verwaltungsrechtsweges
II. Fähigkeit, am Verfahren beteiligt zu sein
III. Statthaftigkeit der Anfechtungsklage
IV. Klagebefugnis
V. Form- und fristgerechtes, aber erfolgloses Widerspruchsverfahren
VI. Klagefrist

B. Begründetheit

I. Der Beklagte (Behörde, Körperschaft usw.)

II. Rechtswidrigkeit des angegriffenen Verwaltungsaktes

1. Ermächtigungsgrundlage/Ermächtigungsnorm

2. Formelle Rechtmäßigkeit des Verwaltungsaktes:
   a) Zuständigkeit
   b) Verfahren (z. B. Anhörung)
   c) Form
   d) Heilung von Verfahrens- oder Formfehlern?

3. Materielle Rechtmäßigkeit des Verwaltungsaktes:
   a) Ermächtigungsnorm (z. B. bei Gefahr für die öffentliche Sicherheit)
   b) Rechtsfolge: gebundene Entscheidung oder
   c) Ermessensentscheidung

   1. bezüglich der Störerauswahl

   2. bezüglich der Mittelauswahl

   3. Verhältnismäßigkeitsprüfung, Vereinbarkeit mit Grundrechten usw.

III. Rechtsverletzung durch den Verwaltungsakt

Vgl. Würtenberger ,145; i. V. m. §§ 40, 42, 61, 68, 74, 78, 113 VwGO; §§ 28, 46 VwVfG

Eine Klageschrift könnte folgendermaßen aussehen:

Klageschrift

In der Verwaltungsrechtssache ... gegen ...

führen wir zur Begründung unserer Klage Folgendes aus:

I. Zum Sachverhalt

Der Beigeladene beantragte ... Der Beklagte erteilte dem Beigeladenen am ... die Baugenehmigung für ...

Anfechtungsklage

Von der Erteilung der Baugenehmigung erhielten wir keine Kenntnis.

Erst durch den Baubeginn erfuhren wir von dem Vorhaben und legten am ... Widerspruch ein. Diesen wies der Beklagte mit Widerspruchsbescheid vom ... zurück. Daraufhin haben wir Klage erhoben.

II. Zur Rechtslage

Die dem Beigeladenen erteilte Baugenehmigung ist rechtswidrig. Dies lässt bereits der Widerspruchsbescheid erkennen, der weitgehend formelhaft gehalten ist und nur eine oberflächliche Auseinandersetzung mit unseren Belangen erkennen lässt.

1. Es ist nicht nachvollziehbar, worauf der Beklagte seine Einschätzung gründet. Er schreibt in dem Bescheid: „die schalltechnischen Untersuchungen haben ergeben, dass die zulässigen Werte nicht überschritten werden."

Hier können wir Informationen darüber erwarten, welcher Lärmpegel auf unserem Grundstück durch die Windenergieanlage herrscht und welchen Pegel wir als zumutbar hinzunehmen haben. Wir unterstellen, dass es zu einer Prüfung und Auseinandersetzung mit dieser Problematik gar nicht gekommen ist. Die pauschalen Ausführungen und unbewiesenen Behauptungen erschweren uns eine Überprüfung und damit eine effektive Verteidigung unserer Rechte erheblich.

2. Ähnliches gilt für die Lichtreflexe und Schattenbildungen durch die kreisenden Rotorblätter. Der Beklagte hat sich nicht die Mühe gemacht, herauszufinden, zu welcher Tages- und Jahreszeit wie lange eine Beeinträchtigung besteht.

Der Passus im Widerspruchsbescheid: „der von Ihnen beanstandete Lichteffekt und die damit verbundene unzumutbare Beeinträchtigung konnte nicht festgestellt werden, da nach Ihren eigenen Angaben durch den veränderten Sonnenstand die Beeinträchtigung bei Ihnen nicht mehr feststellbar ist." deutet nur darauf hin, dass Anfang Mai ... zufällig keine Lichteffekte bestanden.

Daraus kann aber nicht gefolgert werden, dass es auf unserem Grundstück zu keinerlei Beeinträchtigungen mehr kommt. Diese sind von Tages- und Jahreszeit abhängig.

3. Deutlich wird, dass der Beklagte nicht die nötigen Informationen hatte, um den Widerspruch sachgerecht bescheiden zu können. Ihm fehlten wichtige Informationen, so dass eine völlig unzulängliche Sachverhaltsaufklärung festgestellt werden muss. Die Entscheidung leidet damit an dem Fehler der Unvollständigkeit. Der Beklagte hat sich nicht umfassend und sachgerecht mit unseren Belangen befasst und unsere Interessen unzureichend in die Abwägung einbezogen.

Somit hat der Beklagte in mehrfacher Hinsicht gegen die ihm obliegende Pflicht zur umfassenden Sachverhaltsaufklärung verstoßen.

4. Wäre er diesen Pflichten nachgekommen, so hätte der Beklagte zu der Erkenntnis gelangen müssen, dass die von der Anlage ausgehenden optischen Emissionen eine Nutzung unseres Hauses bei entsprechenden Sonnenständen unzumutbar beeinträchtigen.

Beweis: Lichttechnisches Gutachten, dessen Einholung hiermit beantragt wird.

Ferner wäre ihm deutlich geworden, dass auch die akustischen Immissionen ähnliche Beeinträchtigungen nach sich ziehen.

Beweis: Schalltechnisches Gutachten, dessen Einholung hiermit beantragt wird.

Wir gehen davon aus, dass die angefochtenen Bescheide schon wegen des Verstoßes gegen das baurechtliche Rücksichtnahmegebot rechtswidrig sind und zu einer Verletzung unserer auf Art. 14 Abs. 1 GG fußenden Rechtsstellung führen.

Antrag

Wir beantragen, die Baugenehmigung aufzuheben.

Klageänderung und Zurücknahme der Klage

Haben sich nach der Einreichung Ihrer Klage neue Aspekte eröffnet, können Sie weitere Belege wie Sachverständigengutachten und Urkundenbeweise usw. nachreichen und die Klage um weitere Punkte erweitern.

Während des laufenden Verfahrens ist eine Änderung des Streitgegenstandes möglich,

- wenn die übrigen Beteiligten einwilligen oder
- wenn das Gericht dies für sachdienlich hält.

Die Einwilligung des Beklagten wird unterstellt, wenn er sich schriftlich oder mündlich auf die geänderte Klage eingelassen hat.

Eine Klageänderung kann auf verschiedene Weise erfolgen:

- Es wird anstelle des in der Klage gemachten Anspruchs ein anderer geltend gemacht,
- der Kläger stützt seine geltend gemachten Ansprüche auf andere Sachverhalte,
- der Kläger erweitert seine Klage um weitere Ansprüche,
- auf Kläger- oder Beklagtenseite findet ein Parteienwechsel statt.

(Vgl. Würtenberger, 256 f.)

Wichtig: Die Klage können Sie auch jederzeit zurücknehmen; erst dann, wenn das Urteil Rechtskraft erlangt hat, ist dies nicht mehr möglich.

Gegenerklärung des Beklagten

Das Gericht wird nun Ihre Klageschrift dem Beklagten (vielleicht zusätzlich auch dem Beigeladenen) zustellen und zu einer Gegendarstellung innerhalb von vier Wochen nach der Zustellung auffordern.

Dieser Gegenerklärung müssen sämtliche Vorgänge und Akten des Vorverfahrens, besonders aber die angefochtene Verfügung und der Widerspruchsbescheid, beigefügt werden.

Da die Behörde Ihren Nachbarwiderspruch als unbegründet abgelehnt hat, wird sie ganz gewiss Ihre Klage als ebenso haltlos abtun. Somit wird sie in aller Regel folgenden Antrag einbringen: In der Verwaltungsrechtssache Nachbar gegen Landrat des Kreises Windmarschen wird beantragt, die Klage a b z u w e i s e n.

Prüfung des Sachverhaltes und Verhandlung

Nachdem dem Gericht sowohl Ihre Anfechtungsklage als auch die schriftliche Gegendarstellung des Beklagten vorliegt, wird der Sachverhalt von Amts wegen überprüft und die mündliche Verhandlung vorbereitet.

Zu den vorbereitenden Verfahren des Gerichts gehören ggf.:

- Die Beteiligten zur gütlichen Beilegung des Rechtsstreits (Vergleich) zu laden,

- Ergänzungen oder Erläuterungen der Schriftsätze einzuholen,

- Auskünfte innerhalb einer bestimmten Frist zu verlangen,

- die Vorlage von Urkunden und „beweglichen Sachen" (etwa Videoaufnahmen) zu veranlassen,

- das persönliche Erscheinen der Beteiligten anzuordnen,

- Zeugen und Gutachter zur mündlichen Verhandlung zu bestellen,

- den Behörden Gelegenheit einzuräumen, Verfahrens- und Formfehler zu „heilen" usw. (§ 87 VwGO).

Im vorbereitenden Verfahren wird ebenfalls entschieden über den Streitwert, über die Kosten und unter Umständen über Aussetzung, Ruhen und Erledigung des Rechtsstreits insgesamt.

Mündliche Verhandlung/Sitzungen außerhalb des Gerichtssitzes

In der Regel entscheidet das Gericht aufgrund einer mündlichen Verhandlung, über die eine Niederschrift anzufertigen ist.

Ob die Beteiligten persönlich erscheinen müssen, beschließt das Gericht im Einzelfall. Sind alle Prozessbeteiligten einverstanden, kann das Gericht auch ohne eine mündliche Verhandlung entscheiden.

Die Verhandlung findet zumeist am Gerichtssitz statt, kann aber auch außerhalb (etwa „vor Ort", z. B. am Standort der Windenergieanlage) abgehalten werden, wenn dies zur sachdienlichen Erledigung sinnvoll erscheint.

Das Urteil

Das Gericht entscheidet über die Klage durch ein Urteil, in dem die Gründe, die für die Entscheidung maßgebend waren, angegeben werden müssen.

Erkennt das Gericht etwa den Verwaltungsakt als rechtswidrig an und kommt zu der Überzeugung, dass der Kläger dadurch in seinen Rechten verletzt worden ist, hebt das Verwaltungsgericht den Verwaltungsakt und den etwaigen Widerspruchsbescheid auf.

Ist, wie in unserem Beispiel, der Verwaltungsakt bereits vollzogen, kann das Gericht – allerdings ist dazu ein weiterer Antrag an das Gericht erforderlich (siehe Kapitel 7 ab Seite 155 ff. – festsetzen, dass die Behörde die Vollziehung rückgängig machen muss.

Das schriftlich abgefasste und von allen Richtern unterzeichnete Urteil muss enthalten:

- Name, Beruf, Wohnort der Beteiligten und der Bevollmächtigten,

- Bezeichnung des Gerichts, Namen der Mitglieder, die an der Entscheidung mitgewirkt haben,

- die Urteilsformel,

- den Tatbestand (hier ist der Sach- und Streitstand seinem wesentlichen Inhalt nach gedrängt darzustellen),
- die Entscheidungsgründe und die Rechtsmittelbelehrung.

Das Urteil sagt hoffentlich: Sie haben gewonnen!

Die Verlierer, die beklagte Behörde und Herr Windmüller, werden gewiss alles daran setzen, das Urteil in der nächsten Instanz – dem Oberverwaltungsgericht – aufheben zu lassen.

Die Kontrahenten haben nach der Zustellung des Urteils einen Monat Zeit, einen Berufungsantrag zu stellen.

Achtung: Mit der Stellung dieses Antrages wird die Rechtskraft des Urteils des Verwaltungsgerichts gehemmt.

Gerichtskosten

Mit der Urteilsverkündigung verbunden ist auch eine Kostenentscheidung.

Als Kosten gelten

- die Gerichtskosten (Auslagen und Gebühren) und
- die für Rechtsverfolgung oder Rechtsverteidigung notwendigen Aufwendungen der Beteiligten.
- Aufwendungen des Vorverfahrens gehören auch dazu.

Kostentragung

Wer die Gebühren des Gerichtsverfahrens zu tragen hat, wird durch den Ausgang der Verhandlung bestimmt. Die Kostenentscheidung wird im Urteil genannt.

Grundsätzlich gilt:

- Der unterliegende Teil trägt die Kosten des Gerichtsverfahrens.
- Sind Rechtsmittel eingelegt worden, die erfolglos geblieben sind, so trägt die Kostenlast der, welcher die Rechtsmittel eingelegt hat.

- Beigeladenen können dann Kosten auferlegt werden, sofern sie Anträge gestellt oder Rechtsmittel eingelegt haben.

- Eine Kostenteilung wird vorgenommen, wenn ein Beteiligter teils obsiegt, teils unterliegt. In diesem Fall werden die Kosten gegeneinander aufgehoben. Ist jedoch ein Beteiligter nur zu einem geringeren Teil unterlegen, so können dem anderen alle Kosten auferlegt werden.

- Nimmt jemand einen Antrag, eine Klage, ein Rechtsmittel oder einen anderen Rechtsbehelf zurück, so hat er die Kosten zu tragen.

- Kosten, die durch einen Antrag auf Wiedereinsetzung in den vorigen Stand entstehen, hat der Antragsteller zu tragen.

- Sind Kosten entstanden, die auf das Verschulden eines Beteiligten zurückzuführen sind, so können sie diesem aufgebürdet werden.

- Kommt ein Vergleich zustande, so tragen die Beteiligten die Kosten je zur Hälfte. Es sei denn, diese haben eine andere Kostenvereinbarung getroffen (vgl. §§ 154–160 VwGO).

Erstattungsfähige Kosten

Erstattungsfähig sind

- Gerichtskosten (Gebühren und Auslagen),

- die zur Rechtsverfolgung und Rechtsverteidigung notwendigen Aufwendungen,

- Kosten des Vorverfahrens,

- Gebühren und Auslagen der Rechtsbeistände,

- außergerichtliche Kosten, jedoch nur dann, wenn sie das Gericht aus Billigkeit der unterliegenden Partei oder der Staatskasse auferlegt (§ 162 VwGO). Rechtsanwaltshonorare gehören nicht zu den erstattungsfähigen Kosten.

Höhe der Kosten

Die Höhe der Kosten richtet sich, wie betont, nach dem jeweiligen Streitwert.

Der Streitwert wird auf der Basis des Gerichtskostengesetzes (GKG) vom Gericht festgelegt.

Ein Anhaltspunkt für die auf Sie möglicherweise zukommenden Gerichtskosten bietet ein Streitwertkatalog, erarbeitet von Richtern der Verwaltungsgerichtsbarkeit.

Streitwertkatalog (Auszug)	
Sachgebiet (Klage ...)	**Streitwert**
... auf Zulassung einer Anlage (Abfallentsorgung)	2,5% der Investitionssumme
... wegen Eigentumsbeeinträchtigung (durch Müllhalde o. Ä.)	Betrag der Wertminderung des Grundstücks
... gegen Stilllegungsverfügung (Entsorgungsbetrieb)	1% der Investitionssumme
... auf Erteilung einer Baugenehmigung eines Einfamilienhauses	30 000,- DM
... auf Erteilung einer Baugenehmigung für ein Mehrfamilienhaus	15 000,- DM je Wohnung
... gegen eine Beseitigungsanordnung (Abrissverfügung)	Zeitwert der zu beseitigenden Anlage plus Abrisskosten
Klage eines betroffenen Nachbarn im Bau- und Bodenrecht	10 000,- DM, mindestens Betrag einer Grundstückswertminderung
Klage einer Nachbargemeinde (etwa gegen einen Windpark)	50 000,- DM

Anfechtungsklage

Immissionsschutzrecht: Klage des Errichters/Betreibers auf Genehmigung bzw. Teilgenehmigung	2,5% der mit der Genehmigung oder Teilgenehmigung ermöglichten Investitionssumme
Klage des Errichters, Betreibers bei Stilllegung, Betriebsuntersagung (etwa WEA)	1% der Investitionssumme, so weit nicht feststellbar: entgangener Gewinn

Prozesskostenhilfe

Allen Hauptbeteiligten (Antragsteller, Antragsgegner) und auch den Beigeladenen kann auf Antrag Prozesskostenhilfe gewährt werden. Über den Antrag entscheidet das Gericht nach Anhörung der Antragsgegner.

Die Gewährung der Hilfe setzt Bedürftigkeit voraus und richtet sich nach den Bestimmungen der Zivilprozessordnung.

Kampf um die Nutzungs-untersagung – zweite Runde

6

Antrag: Wiederherstellung der aufschiebenden Wirkung

Ihr Nachbarwiderspruch hatte seinerzeit, ohne dass Sie einen gesonderten Antrag stellen mussten, zuerst einmal eine Nutzungsuntersagung bewirkt. Diese hatte ja das Gericht nach einer ersten summarischen Prüfung kassieren müssen.

Inzwischen aber haben Sie ein für Sie positives Urteil erhalten: das Verwaltungsgericht hat Ihrer Klage gegen die Baugenehmigung stattgegeben.

Dadurch gestärkt, könnten Sie nun daran gehen, ebenfalls das Oberverwaltungsgericht anzurufen, um die Stilllegung der Anlage zu erreichen. Denn vorerst darf die Anlage weitergebaut werden bzw. weiterlaufen, da die aufschiebende Wirkung des Widerspruchs, die seinerzeit von der Kammer abgelehnt worden war, noch immer ausgesetzt ist.

Wichtig: Eine Abänderung des damaligen Beschlusses erfolgt nicht automatisch, nachdem das Verwaltungsgericht Ihrer Klage stattgegeben hat.

Wiederherstellung der aufschiebenden Wirkung

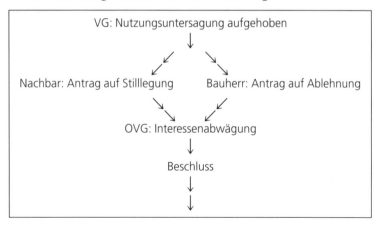

Die aufschiebende Wirkung kann nur herbeigeführt werden durch eine gerichtliche Entscheidung, die von Ihnen beantragt werden muss.

Erfolgsaussichten eines Antrags

Bevor Sie einen Antrag auf Wiederherstellung der aufschiebenden Wirkung, auf Nutzungsuntersagung stellen, sollten Sie die Erfolgsaussichten eines solchen Schrittes überprüfen.

Auch dieses Gesuch muss sowohl zulässig als auch begründet sein.

Checkliste: Erfolgsaussichten eines Antrags auf Wiederherstellung der aufschiebenden Wirkung

Der Antrag ist zulässig, wenn

- die Eingabe rechtens ist.
- eine Verwaltungsanordnung erlassen worden ist, gegen die eine Anfechtungsklage vor Gericht statthaft wäre.
- eine Antragsbefugnis gegeben ist. (Jeder ist befugt, der in seinen Rechten verletzt bzw. beeinträchtigt worden ist bzw. dies geltend macht.)
- das Gericht zuständig ist.
- die Schriftform des Antrags gegeben ist.

Das Gesuch muss

- Kläger und Beklagte nennen.
- den Klagegegenstand bezeichnen.
- einen bestimmten Antrag enthalten.
- alle Tatsachen und Beweismittel angeben.
- durch die angefochtene Verfügung bzw. den Widerspruchsbescheid ergänzt sein.

Kampf um die Nutzungsuntersagung – zweite Runde

noch: Checkliste: Erfolgsaussichten eines Antrags auf Wiederherstellung der aufschiebenden Wirkung

Der Antrag ist begründet, wenn

■ das Interesse des Betroffenen am Aussetzen des Vollzugs nach einer ersten – summarischen – Prüfung überwiegt.

Vgl. bes. Treder/Rohr 102 ff., 107 ff. i. V. m. bes. §§ 80 und 82 VwGO

Das Verwaltungsgericht hatte in seinem Urteil die Unzumutbarkeit etwa der Geräuschemissionen und der Diskoeffekte unterstrichen und die Genehmigungsbescheide des Beklagten Windmüller aufgehoben.

Daher könnte folgender Antrag – mit guter Aussicht auf Erfolg – gestellt werden:

Antrag auf Wiederherstellung der aufschiebenden Wirkung

In Sachen

Nachbar/Kreis Windmarschen

beantragen wir, den Beschluss der Kammer vom ... abzuändern und die aufschiebende Wirkung wiederherzustellen.

Begründung:

Die Kammer hatte aufgrund der erfolgten summarischen Prüfung unseres Antrags, die aufschiebende Wirkung unseres Widerspruches gegen die dem Beigeladenen erteilte Baugenehmigung wiederherzustellen, abgelehnt.

In dem Hauptsacheverfahren hat das Gericht die Genehmigungsbescheide des Beklagten aufgehoben, da die Auswirkungen der Anlage für uns nicht hinnehmbar und unzumutbar seien.

Vor dem Hintergrund dieser Entscheidung ist auch die aufschiebende Wirkung dieses Klageverfahrens gegen den

Genehmigungsbescheid des Beklagten vom ... in Gestalt
des Widerspruchsbescheides vom ... wiederherzustellen.

Unterschrift

Zu Ihrem Antrag kann die Gegenseite sich ebenfalls äußern. Und das wird sie in aller Regel auch tun.

Rechnen Sie mit einem Gegenantrag in folgender Art (allerdings wird dieser wesentlich umfangreicher sein):

Es wird beantragt, den Antrag auf Abänderung des Beschlusses vom ... abzulehnen.

Begründung:

Eine unzumutbare Beeinträchtigung der Antragsteller
durch von der Windkraftanlage ausgehende Lichteffekte
ist nicht zu erkennen.

Für die Bewertung der Zumutbarkeit der Lichtreflexe
sind insbesondere deren Dauer und Vorkommen entscheidend. Da diese Erscheinungen nur bei Sonnenschein auftreten können, ist ersichtlich, dass eine Beeinträchtigung nur kurzzeitig erfolgen kann und in der Regel
nicht unzumutbar ist.

Unzumutbare Beeinträchtigungen sind auch in dem vorliegenden Fall nicht gegeben.

Der Abänderungsantrag ist daher abzulehnen.

Interessenabwägung des Gerichts

Nun muss das Gericht eine Abwägung vornehmen und entscheiden.

Im Vordergrund steht dabei die Frage:

- Wird Ihr Nachbarwiderspruch mit erheblicher Wahrschein-lichkeit erfolglos bleiben, oder

- spricht einiges dafür, dass Ihr nachbarlicher Rechtsbehelf Erfolg haben wird?

Ist der Ausgang des Hauptsacheverfahrens als offen zu bezeichnen, muss das Gericht eine Einschätzung der Sachlage vornehmen und prüfen, welche Seite größere Erfolgsaussichten hat, Sie oder Herr Windmüller.

Für den größeren Erfolg für Sie als Antragsteller spricht inzwischen

- der Erfolg in der ersten Instanz und

- die bisher vom Gericht festgestellten und bemängelten Beeinträchtigungen durch die Windenergieanlage.

Das Gericht wird somit vermutlich in Ihrem Sinne entscheiden.

Denn nach der ständigen Rechtsprechung muss eine Interessenabwägung erfolgen:

- Spricht, wie in Ihrem Fall, Überwiegendes dafür, dass Ihr nachbarlicher Rechtsbehelf Erfolg haben wird, muss Ihr Antrag Erfolg haben.

- Wenn der Ausgang des Hauptsacheverfahrens zumindest als offen angesehen werden muss – der Erfolg in der ersten Instanz deutet eher hin auf Ihren Erfolg auch in der zweiten Instanz als auf den Erfolg des Beklagten –, wird man Ihrem Antrag stattgeben.

- Wenn somit nichts Überwiegendes für die Erfolglosigkeit Ihrer Klage spricht, bleibt es bei der gesetzlichen Wertung, dass die Nachbarklage aufschiebende Wirkung hat.

Was auch immer das Gericht beschließt: es legt sich nicht fest in Bezug auf den Ausgang des Hauptverfahrens in der zweiten Instanz.

Achtung: In unserem Beispiel haben Sie geklagt gegen die Baugenehmigung einer Windenergieanlage.

Eine solche Konzession aber beinhaltet

- sowohl die Berechtigung zur Errichtung der Anlage

- als auch die Erlaubnis zu ihrem Betrieb.

Die Klage gegen die Baugenehmigung der Windenergieanlage ist noch vor dem Oberverwaltungsgericht anhängig.

Ihr Aussetzungsinteresse richtet sich in erster Linie auf den störenden Betrieb der Anlage und weniger auf das Bauwerk selbst.

Daher kann Herr Windmüller nicht gezwungen werden, die Anlage abzubauen, jedenfalls zum jetzigen Zeitpunkt noch nicht.

Allerdings ist die Betriebsgenehmigung durch die OVG-Entscheidung außer Vollzug gesetzt.

Widerspruch des Beigeladenen

Ihr Erfolg und das Schreiben des Landrats erregen sehr wahrscheinlich das Missfallen des Herrn Windmüller.

Die Anordnung der sofortigen Vollziehung des Landrates enthält auch eine Rechtsmittelbelehrung. Aus der geht hervor, dass er gegen diesen Bescheid ebenfalls Einspruch einlegen kann. Dafür hat er eine Frist von einem Monat.

Herr Windmüller stellt fristgerecht einen Antrag auf Aufhebung der aufschiebenden Wirkung des Widerspruchs und legt weitere Gründe vor, die sein Gesuch rechtfertigen. Diesem Ansuchen schließt sich der Landrat womöglich an.

Sollten nicht gravierende, bisher nicht vorgebrachte Gründe angeführt werden können, wird das Oberverwaltungsgericht den Widerspruch des Herrn Windmüller zurückweisen:

Unanfechtbarer Beschluss: Der Antrag wird abgelehnt. 1 : 0 für Sie.

Und Herr Windmüller trägt die Kosten des Verfahrens!

Berufung beim Oberverwaltungsgericht

7

Reaktion des Kontrahenten

Das Urteil im „ersten Rechtszug" wird von Ihren Gegnern vermutlich nicht hingenommen; sie werden wohl sofort nach der Zustellung des Urteils Berufung einlegen beim Oberverwaltungsgericht.

Das Oberverwaltungsgericht ist zuständig

- für die Berufung der Urteile des Verwaltungsgerichts und

- für Beschwerden gegen andere Entscheidungen des VG.

Wichtig: Gegen alle Beschlüsse des Verwaltungsgerichts ist Beschwerde möglich.

§ 146 Abs. 1 VwGO

Gegen die Entscheidungen des Verwaltungsgerichts, des Vorsitzenden oder des Berichterstatters, die nicht Urteile oder Gerichtsbescheide sind, steht den Beteiligten und den sonst von der Entscheidung Betroffenen die Beschwerde beim Oberverwaltungsgericht zu.

Aber auch Sie sollten sich, so Sie wider Erwarten in der ersten Instanz unterlegen sind, genau überlegen, ob es sinnvoll und erfolgversprechend für Sie ist, in die Berufung zu gehen.

Das sollten Sie berücksichtigen

Eine Berufung ist angebracht,

- wenn das Gericht auch anders hätte entscheiden können,

- wenn ein Verfahrensmangel vorlag,

- wenn das Urteil von anderen vergleichbaren Fällen abgewichen ist.

Diese Punkte sollten Sie gewissenhaft überprüfen, besser: von einer juristisch vorgebildeten Person begutachten lassen.

Hätte das Gericht nach fachmännischer Überzeugung (nicht allein nach Ihrer subjektiven Einschätzung) auch anders entscheiden können, vielleicht gar aufgrund vergleichbarer Fälle anders urteilen müssen, lag gar ein Verfahrensfehler vor, so sollten Sie in die Berufung gehen.

Was im Berufungsverfahren auf Sie zukommen kann

Unabhängig davon, ob die andere Seite eine Berufung des Urteils beantragt oder Sie selbst, stellen Sie sich für alle Fälle ein auf Folgendes:

- Die Schriftsätze der Gegenseite werden sicherlich rationale und nachvollziehbare Argumente beinhalten, vielleicht aber auch Verunglimpfungen, Beschuldigungen, Polemik, Sticheleien, Unwahrheiten, gar plumpe Lügen, Diskriminierungen, Grobheiten und Beleidigungen.

- Wenn Herr Windmüller ein schlechter Verlierer ist, so geht er davon aus, dass Sie nicht gewonnen haben, weil Sie im Recht waren, sondern weil Sie Tatsachen verfälscht, Fakten verändert, maßlos übertrieben und überspitzt haben, weil Sie manipuliert, entstellt, geschwindelt, geheuchelt, gelogen und getrickst haben.

- Großmut und Toleranz, das Eingestehen eigener Fehler und Wohlwollen sind dann wohl nicht vom Verlierer zu erwarten. Vielleicht geht es dem Herrn Windmüller gar nicht mehr um das Recht, sondern nur darum, Ihnen Schaden zuzufügen.

Achtung: Lassen Sie sich aber nach Möglichkeit nicht ein auf diese albernen Machtspielchen, nicht auf primitive Schikanen und Anschuldigungen, lassen Sie sich nicht auf dieses Niveau herabziehen. Bleiben Sie gleichmütig.

Nachprüfung neuer Beweismittel und Erklärungen

Das OVG überprüft den Berufungsantrag unter Berücksichtigung auch neuer Tatsachen und zusätzlicher Beweismittel, die in der ersten Instanz noch nicht beigebracht werden konnten.

(Dass Erklärungen und Beweismittel, die bereits das VG aus guten Gründen und zu Recht zurückgewiesen hat, auch im Berufungsverfahren unberücksichtigt bleiben, sei angemerkt.)

Suchen, recherchieren, telefonieren, schreiben Sie, sammeln Sie neue Beweise und Argumente.

- Haben Sie in Ihrer Klageschrift im ersten Verfahren entscheidungsrelevante Tatsachen übersehen?

- Gibt es neue Beweismittel und Sachverständigengutachten?

- Kann ein Attest über gesundheitliche Beeinträchtigungen durch die beklagte Anlage vorgelegt werden?

- Kann sogar eine eidesstattliche Erklärung über einen wichtigen Tatbestand beigebracht werden?

- Sind erst jetzt neue Tatsachen bekannt geworden?

- Liegt inzwischen ein für Ihren Fall bedeutsames neues Grundsatzurteil vor, welches das VG noch nicht berücksichtigen konnte?

Beantworten Sie diese Fragen. Sichten Sie die neuen Belege, Beweise usw. und stellen Sie sich und sachkundigen Personen erneut die Frage:

Ist eine Berufung sinnvoll und erfolgversprechend?

Ja, weil …

Nein, sie ist aussichtslos, weil …

Treffen Sie dann, nach Möglichkeit durch einen Juristen unterstützt, eine klare und eindeutige Entscheidung.

Im Berufungsantrag sind die Gründe, aus denen die Berufung zugelassen werden sollte, aufzuführen. Da weder Herr Windmüller noch sein Anwalt neue gewichtige Argumente finden können (wo auch?), werden zumeist die altbekannten Rechtfertigungen wieder hervorgekramt.

Achtung: Auf vermeintlich gute Gründe und neue Argumente sollte man allerdings eingehen, nicht aber auf unsachliche Ausfälle des Gegners.

Zum Glück für Sie und zum Pech für die Gegner sitzen im Gericht erfahrene Richterinnen und Richter, die es sehr wohl gelernt haben, die Spreu vom Weizen zu trennen und sich ein unbefangenes und unbeeinflußtes Bild zu machen.

Bindung an Anträge

Bei der Urteilsfindung sind vom OVG nur jene Punkte zu berücksichtigen, für die im Berufungsantrag ausdrücklich eine Änderung beantragt worden ist; nur in diesen Punkten kann das VG-Urteil geändert werden.

Man sollte sich daher sehr genau überlegen, wie man seinen Antrag stellt und welche Kritikpunkte man einbringt.

Praxis-Tipp:

Da man davon ausgehen muss, dass ein juristischer Laie zumeist nicht alle Aspekte berücksichtigen kann, ist die Unterstützung durch einen Fachmann sehr zu empfehlen. Und zudem besteht ja auch beim OVG Anwaltszwang; man muss sich durch einen Prozessbevollmächtigten vertreten lassen. (Genaueres siehe Kapitel „Rechtsvertretung" auf Seite 111.)

Zulassung der Berufung

Die Berufung gegen das Urteil ist zuzulassen,

- wenn ernstliche Zweifel an der Richtigkeit des Urteils bestehen,

- wenn die Rechtssache besondere tatsächliche oder rechtliche Schwierigkeiten aufweist,

- wenn die Rechtssache grundsätzliche Bedeutung hat, wenn das Urteil von einer Entscheidung des Oberverwaltungsgerichts, des Bundesverwaltungsgerichts, des gemeinsamen Senats der obersten Gerichtshöfe des Bundes oder des Bundesverfassungsgerichts abweicht und auf dieser Abweichung beruht oder

- wenn ein der Beurteilung des Berufungsgerichts unterliegender Verfahrensmangel geltend gemacht wird und vorliegt, auf dem die Entscheidung beruhen kann (§ 124 VwGO).

Zurückverweisung an das Verwaltungsgericht

Möglicherweise aber erkennt das OVG bei der Prüfung des VG-Urteils,

- dass das Verwaltungsgericht in der eigentlichen Sache noch gar nicht oder nur zum Teil entschieden hat oder

- dass das Verfahren der ersten Instanz an einem erheblichen Mangel gelitten hat oder

- dass inzwischen neue Tatsachen und Beweismittel bekannt geworden sind, die für die Entscheidung wesentlich sein könnten.

Sollte dies der Fall sein, so kann das OVG die angefochtene Entscheidung des VG aufheben und die Sache an das Verwaltungsgericht zurückweisen. Das Verwaltungsgericht ist an eine solche rechtliche Beurteilung der Berufungsentscheidung des OVG gebunden.

Urteil

Über den Berufungsantrag entscheidet das Oberverwaltungsgericht. Schließlich kommt es zu dem Urteil, das Sie sich gewünscht haben:

Urteil des Oberverwaltungsgerichts

```
Die Berufungen
des Beklagten (Landrat des Kreises D.)
und des
Beigeladenen (M. Windmüller)

gegen das Urteil des Verwaltungsgerichts

wegen

Nachbarklage gegen eine Baugenehmigung für eine Wind-
kraftanlage

werden zurückgewiesen.

Die Revision wird nicht zugelassen.
```

Achtung: Mit einer Ablehnung der Revision wird das Urteil rechtskräftig. Allerdings hemmt eine Beschwerde gegen die Nichtzulassung der Revision – siehe folgendes Kapitel – die Rechtskraft noch maximal zwei Monate.

Ihre Hartnäckigkeit hat sich gelohnt. Ihre Unbeirrbarkeit (für Herrn Windmüller nichts als Sturheit und Unbelehrbarkeit) hat Sie zum Ziel gebracht. Sie und Ihre besseren Argumente haben sich durchgesetzt.

Die Anlage muss abgebaut, die bunte Hausfassade muss toleriert werden. Ihrem Wunsch nach ungestörter Nachtruhe, dem Bedürfnis Ihrer Kinder nach … muss entsprochen werden.

Doch bis zur Durchsetzung des Urteils vergehen noch etliche Wochen, sehr wahrscheinlich Monate. Daher haben Sie noch einen Kampf vor sich: die Durchsetzung Ihrer vom Gericht anerkannten Ansprüche.

Durchsetzung des Urteils

8

Beschwerde gegen Nichtzulassung der Revision

Ihr Weg durch die Instanzen hat sein gutes Ende gefunden. Wird gegen das Urteil nicht innerhalb von einem Monat nach Zustellung Beschwerde eingelegt, wird es rechtskräftig.

Der Hinweis im Urteil des Oberverwaltungsgerichts, „Die Revision wird nicht zugelassen", ist für Sie als Sieger ohne Bedeutung. Doch Herr Windmüller kann als schlechter Verlierer selbst diesen eindeutigen Satz nicht ohne weiteres akzeptieren. Er legt eine Beschwerde ein.

Herr Windmüller wird zwar mit seiner Beschwerde nicht viel erreichen, gewinnt aber wieder etwas Zeit. Außerdem kann er Sie damit ärgern, denn: die Einlegung der Beschwerde hemmt die Rechtskraft des Urteils (§ 133 Abs. 4 VwGO).

Er hat nach Zustellung des vollständigen Urteils einen Monat Zeit, eine Beschwerde gegen die Nichtzulassung der Revision einzulegen. Ein weiterer Monat wird ihm für die Begründung seiner Beschwerde gewährt.

Herr Windmüller sollte aber wissen: seine Begründung hat nur dann Aussicht auf Erfolg,

- wenn er die grundsätzliche Bedeutung der Rechtssache belegen kann oder

- wenn er auf eine Grundsatzentscheidung hinweisen kann, von der das Urteil abweicht, oder

- wenn er einen Verfahrensmangel nachweisen und geltend machen kann.

Wird der Beschwerde vom OVG nicht abgeholfen, entscheidet das Bundesverwaltungsgericht durch Beschluss:

- Das angefochtene Urteil wird aufgehoben oder

- der Rechtsstreit wird zur anderweitigen Verhandlung und Entscheidung an das OVG zurückgewiesen oder

- die Beschwerde wird abgelehnt.

Wichtig: Mit der Ablehnung der Beschwerde durch das BVerwG wird das Urteil rechtskräftig.

Wenn Sie für Ihre Fassadenbemalung gestritten und gewonnen haben, ist für Sie die Sache nun endlich ausgestanden.

Haben Sie aber gegen eine Baugenehmigung gekämpft und gewonnen, geht es noch etliche Monate weiter.

Worauf Sie sich in den kommenden Monaten einstellen sollten

Zwar haben Sie auf der ganzen Linie gewonnen, doch steht die Windmühle immer noch und läuft und läuft.

- Herr Windmüller und das Bauamt werden das Urteil widerwillig, sehr widerwillig zur Kenntnis nehmen.

- Die Verlierer werden alles daran setzen, die Umsetzung des Urteils zu verzögern und zu verschleppen.

- Erst auf starken Druck wird der Landrat gegen Herrn Windmüller vorgehen, der trotz des eindeutigen Urteils die Mühle weiterlaufen lässt.

- Die Behörde wird Herrn Windmüller vielleicht, wenn's eben geht, sogar Tipps und Ratschläge geben, wie dieser das Urteil interpretieren und unterhöhlen kann und soll.

- Und man wird Herrn Windmüller womöglich hinter vorgehaltener Hand zu verstehen geben, dass man es nicht sehr eilig habe, eine Nutzungsuntersagung auszusprechen oder gar ein Zwangsgeld zu verhängen.

Verwaltungsvollstreckung

Lassen Sie Ihren Anwalt alles unternehmen, dass die nach dem inzwischen rechtskräftigen Urteil rechtswidrig laufende Anlage stillgelegt wird.

Zuerst sollte er einen Antrag an die Baubehörde richten, die Beseitigung der inzwischen illegalen Mühle zu verfügen.

Daraufhin müsste eigentlich eine Abrissanordnung erfolgen.

Sofortvollzug

Wenn es eilig ist (für Sie allemal), kann die Behörde die sofortige Umsetzung des Urteils, den Sofortvollzug anordnen.

In einem solchen Falle müsste sie dem Herrn Windmüller dies mitteilen:

Abrissanordnung/Sofortvollzug

Sie werden aufgefordert, bis zum ... die Gondel und den Rotor der Windkraftanlage abzubauen.

Sollten Sie dieser Verfügung nicht fristgerecht nachkommen, so werde ich zur Durchsetzung der Forderung ein Zwangsgeld gem. §§ ... des Landesverwaltungsgesetzes in Höhe von ... DM gegen Sie festsetzen.

Es wird die sofortige Vollziehung dieser Verfügung im öffentlichen Interesse angeordnet.

Rechtsbehelfsbelehrung

Gegen diesen Bescheid können Sie innerhalb eines Monats nach Zustellung Widerspruch erheben beim Landrat des Kreises (...)

Gegen die Anordnung der sofortigen Vollziehung kann beim Verwaltungsgericht ein Antrag auf Wiederherstellung der aufschiebenden Wirkung des Widerspruchs gestellt werden.

Mit sehr freundlichen Grüßen

Herr Windmüller kann nun weiter auf Zeit spielen und

- sowohl Widerspruch beim Landrat einlegen

- als auch beim Verwaltungsgericht einen Antrag auf Wiederherstellung der aufschiebenden Wirkung stellen.

Das wird ihm zwar im Endeffekt nichts nützen, aber seine „Politik der Nadelstiche" macht ihm doch viel Freude, und außerdem bringt es ihm finanzielle Vorteile: Bis endgültig gegen ihn entschieden worden ist, vergehen noch etliche Monate, in denen er seine Mühle laufen lassen und den Strom verkaufen kann.

Zwangsmittel

Den Behörden stehen nach dem Verwaltungsvollstreckungsgesetz (VwVG) mehrere Zwangsmittel zur Verfügung:

- Ersatzvornahme

- Zwangsgeld

- Unmittelbarer Zwang

Ersatzvornahme

Endlich hat auch die Baubehörde eingesehen, dass man dem Willen des OVG entsprechen, dass die Windmühle verschwinden muss. Aber Herr Windmüller stellt sich immer noch stur und denkt gar nicht daran, die Anlage abzubauen.

Durchsetzung des Urteils

Jetzt kann und muss die Behörde vielleicht sogar zum extremsten Zwangsmittel greifen.

Sie kann nun im Wege einer so genannten Ersatzvornahme den Abbruch der Anlage selbst (durch den Gerichtsvollzieher mit entsprechendem Fachpersonal) vornehmen lassen, wobei sämtliche Kosten von Herrn Windmüller zu tragen wären.

Zwangsgeld

Erfüllt Herr Windmüller seine Pflicht zum Abbau der Anlage nicht, kann gegen ihn ein Zwangsgeld (Nordrhein-Westfalen und Schleswig-Holstein z. B. bis zu 100 000,- DM) verhängt werden.

Herr Windmüller sollte wissen: Die Zahlung des Zwangsgeldes entbindet ihn keineswegs von der Pflicht, seine Anlage abzubauen.

Unmittelbarer Zwang/Selbstvornahme

Führen Ersatzvornahme und Zwangsgeld nicht zum erhofften Ergebnis, so kann die Behörde Herrn Windmüller zur Handlung, Duldung oder Unterlassung zwingen (wie, das lässt das VwVG offen) oder die Handlung selbst vornehmen.

Androhung von Zwangsgeld und Ersatzvornahme zeigen nun endlich die erwünschte Wirkung: Herr Windmüller baut die Windenergieanlage ab.

Fachwörter von A–Z

Die Kenntnis relevanter Begriffe und deren Zusammenhänge ermöglicht es Ihnen, stichhaltig zu argumentieren und zu korrespondieren.

Abwehranspruch   Wird dem Eigentümer die Benutzung seines Grundstücks durch unzumutbare Einwirkungen wesentlich beeinträchtigt, so hat er einen Anspruch auf Abwehr oder Unterlassung, es sei denn, er hat eine Duldungspflicht oder die Einwirkungen sind als ortsüblich einzustufen.

Anfechtungsklage   Eine Klage, die die Aufhebung eines Verwaltungsaktes, der die Rechte des Nachbarn verletzt, zum Ziel hat.

Bevor eine Anfechtungsklage angestrengt wird, muss ein Nachbarwiderspruch erfolgt sein.

Anhörung   Ehe ein Verwaltungsakt erlassen wird, der in die Rechte eines Beteiligten eingreift, ist diesem Gelegenheit zu geben, sich zu entscheidungsrelevanten Tatsachen zu äußern.

Nach Einlegung des Widerspruchs soll der Beschwerdeführer gehört werden, bevor Abhilfe- oder Widerspruchsbescheid erlassen werden.

Für Planfeststellungsverfahren ist ein Anhörungsverfahren verbindlich vorgeschrieben.

Anwaltszwang   In Verwaltungsprozessen besteht nur beim OVG und beim BVerwG Anwaltszwang: Jeder Beteiligte muss sich, sofern er einen Antrag stellt oder die Revision einlegt bzw. eine Beschwerde vorbringt, vertreten lassen.

Aufschiebende Wirkung Nachbarwiderspruch und Anfechtungsklage eines Dritten gegen den an einen anderen gerichteten begünstigenden Verwaltungsakt haben aufschiebende Wirkung. Solange diese besteht, hat auch eine Nutzungsuntersagung Bestand.

Ausnahme: In den „neuen Ländern" haben Widerspruch und Anfechtungsklage bis zum 31.12.2002 keine aufschiebende Wirkung.

Ausgleichsanspruch Gehen von einem Grundstück erhebliche Einwirkungen aus, die das ortsübliche Maß übersteigen, kann der Nachbar vom Besitzer des Grundstücks einen Ausgleich in Geld verlangen.

Beeinträchtigungen, wesentliche Alle von einem Grundstück ausgehenden Einwirkungen (Gase, Dämpfe, Gerüche, Rauch, Ruß, Wärme, Geräusche, Erschütterungen usw.), die die Benutzung eines Grundstücks über das zumutbare Maß hinaus erschweren.

Beigeladener Jeder, dessen rechtliche Interessen durch eine Gerichtsentscheidung berührt werden, kann von Amts wegen oder auf Antrag anderer beigeladen werden. Wird gegen eine Baugenehmigung geklagt, so ist i. d. R. der Bauherr der Beigeladene. Die Beiladung setzt einen Gerichtsbeschluss voraus.

Beseitigungsanspruch Wird das Eigentum durch rechtswidrige Störungen beeinträchtigt, so kann der Eigentümer vom Störer die

Beseitigung bzw. Unterlassung der Störung verlangen. Der Anspruch ist ausgeschlossen, wenn der Eigentümer eine Duldungspflicht hat.

Beteiligungsfähigkeit   Fähig, an einem Verwaltungsgerichtsverfahren beteiligt zu sein, sind natürliche und juristische Personen, Vereinigungen (sofern diesen das Recht zustehen kann) und Behörden.

Bundes-Immissionsschutzgesetz – BImSchG   Grundlegende Vorschrift zum Schutz vor Lärm und anderen Einwirkungen; sie zielt darauf ab,

- erhebliche Belästigungen zu verhindern und

- Vorsorge gegen wesentliche Beeinträchtigungen zu treffen.

Das BImSchG wird ergänzt durch die Technischen Anleitungen (siehe dort).

Dezibel – dB(A)   Der von Menschen hörbare Bereich umfasst eine Skala von 0 = Hörgrenze bis 140 = Schmerzgrenze/Gehörschäden. Die logarithmisch aufgebaute dB-Skala ist in 14 gleiche Teile – ein Teil = ein Bel – untergliedert; ein Dezibel – dB ist der zehnte Teil des Bel.

Die Empfindlichkeit des menschlichen Gehörs ist abhängig von der Tonfrequenz. Wenn diese frequenzabhängige Sensibilität bei Schallmessungen berücksichtigt wird, wird die dB-Angabe um den Klammerzusatz (A) erweitert.

Dienstaufsichtsbeschwerde Antrag an die übergeordnete Behörde, das Verhalten oder die Entscheidungen einer „Amtsperson" zu überprüfen.

Duldungspflicht Die Pflicht zur Duldung gewisser Beeinträchtigungen durch „unwägbare Stoffe" ergibt sich aus dem BGB. Danach besteht eine Duldungspflicht, wenn

- die Beeinträchtigung zur Abwendung einer Gefahr notwendig ist.

- die Einwirkung den Nachbarn gar nicht oder nur unwesentlich berührt.

- die Beseitigung der Einwirkung dem Betreiber der Anlage wirtschaftlich nicht zumutbar ist.

- für die beanstandete Anlage eine unanfechtbare Betriebsgenehmigung besteht.

- die Anlage dem Gemeingebrauch dient.

Wichtig: Eine erteilte Baugenehmigung begründet keine Duldungspflicht! Das bedeutet: Das Recht eines Nachbarn, gegen die behördliche Genehmigung anzugehen, bleibt unberührt.

Durchschnittsmensch, verständiger Der BGH verwendet seit 1992 diesen Begriff. Seitdem wird dieser verständige und nicht mehr der „normale" Durchschnittsmensch als Beurteilungsmaßstab genommen, wenn es darum geht, wesentliche von unwesentlichen Beeinträchtigungen zu unterscheiden.

Der „verständige Durchschnittsmensch" nimmt Rücksicht auf Toleranzgebote, gesteht den Nachbarn eine maßvolle Nutzung ihres Grundstücks zu, bemüht sich konstruktiv zuerst um eine außergerichtliche Einigung, nimmt immer auch eine situationsbezogene

Abwägung vor, stellt das Individualinteresse nicht höher als das Allgemeininteresse, akzeptiert gesetzliche Bestimmungen und Grundsatzurteile, toleriert die veränderten sozialen Interessen und das gewandelte Umweltbewusstsein usw.

Einstweilige Anordnung Eine vorläufige Entscheidung des Verwaltungsgerichts bis zur Entscheidung in der „Hauptsache". Eine einstweilige Anordnung kann vom Gericht bereits vor der Klageerhebung getroffen werden, wenn die Gefahr besteht, dass durch eine Veränderung des bisherigen Zustands Nachbarrechte verletzt werden können.

Einwirkungen Das BGB nennt „unwägbare Stoffe" wie Gase, Dämpfe, Gerüche, Rauch, Ruß, Wärme, Geräusche, Erschütterungen und „ähnliche" Einwirkungen. Diese und andere kann der Eigentümer verbieten, wenn sie die Nutzung des Grundstücks wesentlich beeinträchtigen, es sei denn, er ist zur Duldung verpflichtet oder die Einwirkungen sind ortsüblich. Siehe auch Beeinträchtigungen, wesentliche.

Emissionen Die von einer Anlage ausgehenden Luftverunreinigungen, Geräusche, Erschütterungen, Licht, Wärme, Strahlen usw.

Erfolgshonorar Eine Vereinbarung, dem Anwalt für den Fall eines Prozesserfolges ein Sonderhonorar zu zahlen, ist standeswidrig und somit nichtig.

Feststellungsklage   Damit wird die Feststellung des Bestehens bzw. Nichtbestehens eines Rechtsverhältnisses oder der Nichtigkeit eines Verwaltungsaktes begehrt.

Flächennutzungsplan   Bauleitplan für das gesamte Gemeindegebiet.

Gefahrdrohende Anlagen   Anlagen, „von denen mit Sicherheit vorauszusehen ist, dass ihr Bestand oder ihre Benutzung eine unzulässige Einwirkung" auf das Nachbargrundstück zur Folge hat (BGB). Der Eigentümer des Grundstücks kann eine Beseitigung der Anlage verlangen. Bäume und Sträucher gelten nicht als gefahrdrohende Anlagen.

Genehmigungsfreies Bauen   Vereinfachtes Verfahren für den Bau von Ein- und Mehrfamilienhäusern:

1. Liegt ein Bebauungsplan vor, kann der Bauherr damit von einem für sein Bauvorhaben positiven Vorbescheid ausgehen;

2. der Bauherr gibt eine Bauanzeige ab, in der er seine Bauabsicht erklärt;

3. er reicht der Gemeinde zeitgleich seine Bauvorlagen ein, die nicht überprüft werden müssen;

4. er erklärt, die öffentlich-rechtlichen Vorschriften einzuhalten;

5. er wartet eine Frist von maximal vier Wochen ab;

6. danach kann er mit sofort dem Bau beginnen.

Nachbarbeteiligung ist nicht vorgesehen.

Gerichtskosten Gerichtskosten werden vom Gerichtskostenge-setz festgelegt und orientieren sich am Streitwert, den das Gericht bestimmt.

Grundstück Zu einem Grundstück gehören als „wesentliche Bestandteile"

- Gebäude,

- mit Grund und Boden fest verbundene Sachen, z. B. Mauern, Leitungen, Heizungsanlagen, Tiefgaragen usw.,

- die Erzeugnisse des Grundstücks (sofern sie mit dem Boden zusammenhängen),

- die mit dem Eigentum am Grundstück verbundenen Rechte.

Dazu kommen noch „Scheinbestandteile" (alle Teile, die nur zu einem vorübergehenden Zweck mit Grund und Boden verbunden sind, z. B. Baugerüste usw.).

Immaterielle, „unmoralische" oder ideelle Einwirkungen
Von einem Nachbargrundstück ausgehende Vorgänge oder Zustände, die das sittlich-moralische oder ästhetische Empfinden stören. Diese Immissionen zählen nicht zu den „unwägbaren Stoffen", gegen die man nach dem BGB einen Abwehranspruch hat.

Immissionen Auf Menschen, Tiere und Pflanzen, den Boden, das Wasser, die Atmosphäre sowie Kultur- und sonstige Sachgüter einwirkende Luftverunreinigungen, Geräusche, Erschütterungen, Licht, Wärme, Strahlen und ähnliche Umwelteinwirkungen (§ 3 BImSchG).

Klagearten   Anfechtungsklage, Verpflichtungs- und Feststellungsklage; siehe dort.

Klagebefugnis   Klagebefugt ist, wer geltend machen kann, durch einen Verwaltungsakt oder seine Ablehnung bzw. Unterlassung in seinen Rechten verletzt zu sein.

Klagegegner   Im verwaltungsgerichtlichen Klageverfahren ist Klagegegner der Bund, das Land oder die Körperschaft, deren Behörde den angefochtenen Verwaltungsakt erlassen oder unterlassen hat.

Klagefrist   Der Widerspruch ist innerhalb eines Monats nach Bekanntgabe des Verwaltungsaktes zu erheben.

Die Anfechtungsklage muss innerhalb eines Monats nach Zustellung des Widerspruchsbescheides eingereicht werden.

Klageschrift   Sie soll Angaben enthalten über den Kläger, den Beklagten und den Gegenstand des Klagebegehrens.

Beigefügt werden sollen die zur Begründung dienenden Tatsachen und Beweismittel, die angefochtene Verfügung und der Widerspruchsbescheid.

Nachbarklage, Nachbarwiderspruch Die Durchsetzung nachbarrechtlicher Ansprüche gegen Verwaltungsakte.

1. Schritt: Nachbarwiderspruch
2. Schritt: Anfechtungsklage vor dem Verwaltungsgericht
3. Schritt: Berufungsklage vor dem OVG

Nachbarrecht Vorschriften und Verfügungen zum Schutz der Interessen benachbarter Grundstückseigentümer, z. B. gegen die Zuführung unwägbarer Stoffe, gegen gefahrdrohende Anlagen, drohenden Gebäudeeinsturz, gegen Vertiefung, Überhang, Überbau usw. (bes. BGB §§ 903–924).

Nachbarunterschrift Das schriftliche Einverständnis eines Nachbarn mit einem Bauvorhaben. Mit seiner Unterschrift erklärt der Nachbar seine Zustimmung zu dem Bauprojekt, verzichtet aber gleichzeitig auf seine Widerspruchs- und Klagerechte.

Nachfrist Bei Fristverzug, der nicht zurückzuführen ist auf Vorsatz oder grobe Fahrlässigkeit, kann eine Nachfrist gewährt werden. Ob diese gewährt wird, liegt im Ermessen der Behörde bzw. des Gerichts. Versäumt jemand ohne eigenes Verschulden oder aufgrund höherer Gewalt eine gesetzliche Frist, so ist ihm diese auf Antrag zu gewähren.

Nachtruhe Je nach Ländervorschrift unterschiedliche Bestimmungen:

20.00–7.00 Uhr in Hamburg und Hessen (September bis April)
21.00–7.00 Uhr in Hessen (Mai bis August)
22.00–7.00 Uhr in Bayern, Niedersachsen und Rheinland-Pfalz
22.00–6.00 Uhr in Berlin, Brandenburg und Nordrhein-Westfalen

„Negative Einwirkungen" Störungen, die auf den ersten Blick nicht beeinträchtigend auf das Nachbargrundstück einwirken. Sie wirken nicht direkt und „aktiv" ein auf Mensch und Grundstück, sie führen nichts zu, sondern sie entziehen etwas. Eine Beseitigungspflicht ist nur gegeben, wenn die Einwirkungen das Leben, den Körper, die Gesundheit, die Freiheit, das Eigentum oder ein sonstiges Recht eines anderen vorsätzlich und widerrechtlich verletzen.

Neidbauten Einen Schutz gegen negative Einwirkungen (siehe dort) gewährt die Rechtsprechung bei so genannten „Neidbauten" oder „Schikanebauten".

Damit erfasst werden jene Bauwerke, die nur einen einzigen Zweck haben: dem Nachbarn das Leben schwer zu machen, ihm etwa die Aussicht zu verbauen, ihm das Sonnenlicht zu nehmen, ihn mit Schlagschatten und Lichtblitzen zu nerven, seinen Fernsehempfang zu stören usw.

Ortsübliche Beeinträchtigungen Beeinträchtigungen werden als „ortsüblich" (und damit als zumutbar für den Nachbarn) eingestuft, wenn eine Mehrheit von Grundstücken in der Straße, im Vergleichsgebiet oder im gesamten Ort in annähernd gleicher Weise betroffen ist.

Phon Maß für die subjektive Wahrnehmung der Lautstärke; durch die dB(A)-Skala abgelöst.

Planfeststellungsverfahren Im Unterschied zum Anhörungsverfahren steht das Planfeststellungsverfahren mit den dazu gehörenden vorgeschriebenen Anhörungsverfahren, Planfeststellungsbeschlüssen usw.

Planfeststellungsverfahren sind durch Rechtsvorschriften zumeist für Großprojekte – etwa Autobahnen, Kernkraftwerke, Mülldeponien, Kanäle usw. vorgeschrieben (genaueres in §§ 72–78 VwVfG).

Prozessbevollmächtigter Vor dem Verwaltungsgericht kann sich jeder Beteiligte selbst vertreten. Er kann sich auch durch einen Bevollmächtigten ersetzen lassen. Jede Person kann als Bevollmächtigter oder als Beistand auftreten, die zum sachgemäßen Vortrag fähig ist (§ 67 Abs. 2 VwGO).

Vor dem Oberverwaltungsgericht und dem Bundesverwaltungsgericht muss sich jeder Beteiligte, sofern er einen Antrag stellt, vertreten lassen. Entweder durch einen Rechtsanwalt oder durch einen Rechtslehrer (Hochschullehrer) einer Wissenschaftlichen Hochschule.

Prozessfähigkeit Prozessfähig sind alle nach dem bürgerlichen Recht geschäftsfähigen Personen. Eingeschränkt Geschäftsfähige können für das Verfahren vom Gericht für geschäftsfähig erklärt werden.

Rechtsbehelfe   Rechtsbehelfe sind Aufsichtsbeschwerden, Einwendungen und Einsprüche, Anträge auf Wiederaufnahme eines Verfahrens, Gegenvorstellungen usw. Sie dienen der Korrektur unrichtiger Entscheidungen der Behörden; Rechtsbehelfen kann die Behörde entsprechen, aber sie muss diesen Gesuchen nicht nachkommen. Sie sind formlos, fristlos und zumeist auch folgenlos.

Rechtsbehelfsbelehrung   Die Frist für ein Rechtsmittel kann nur dann zu laufen beginnen, wenn der Beteiligte eine schriftliche Belehrung erhalten hat über

- seine rechtlichen Möglichkeiten,
- die Behörde, bei der der Rechtsbehelf einzulegen ist und
- die einzuhaltende Frist.

Rechtsmittel   Rechtsmittel in Verwaltungsgerichtsverfahren sind Beschwerde, Berufung und Revision.

Kennzeichen: sie hemmen die Rechtskraft der angefochtenen Entscheidung (Suspensiveffekt), und sie übergeben diese der höheren Instanz (Devolutiveffekt).

Beschwerde: Widerspruch gegen Entscheidungen des Verwaltungsgerichts, des Vorsitzenden oder des Berichterstatters, die nicht Urteile oder Gerichtsbescheide sind. Das Oberverwaltungsgericht entscheidet über die Beschwerde. Gegen Entscheidungen des OVG – etwa bei Nichtzulassung der Revision – ist Beschwerde beim Bundesverwaltungsgericht zulässig. Die Einlegung einer Beschwerde hemmt die Rechtskraft des Urteils.

Berufung: Rechtsmittel gegen End-, Teil- und Zwischenurteile des Verwaltungsgerichts, das beim Oberverwaltungsgericht als Berufungsinstanz eingelegt wird. Die Stellung eines Berufungsantrags hemmt die Rechtskraft des angefochtenen Urteils.

Revision: Rechtsmittel zur Überprüfung eines Urteils des OVG durch das BVerwG.

Sprungrevision: Eine Revision unter Umgehung der Berufung. Sie ist möglich, wenn Kläger und Beklagte zustimmen und das Verwaltungsgericht dies zulässt.

Richtwert – Grenzwert   Ein Grenzwert nennt Maximal- bzw. Minimalwerte, die nicht über- bzw. unterschritten werden dürfen.

Ein Richtwert dagegen ist unverbindlich.

Stand der Technik   Der Entwicklungsstand fortschrittlicher Verfahren, Einrichtungen oder Betriebsweisen, der die praktische Eignung einer Maßnahme zur Begrenzung von Emissionen gesichert erscheinen lässt. Bei der Bestimmung des Standes der Technik sind insbesondere vergleichbare Verfahren, Einrichtungen oder Betriebsweisen heranzuziehen, die mit Erfolg im Betrieb erprobt worden sind (§ 3 Abs. 6 BImSchG).

Störer   Wer das Eigentum in irgendeiner Weise beeinträchtigt, ist der Störer, gegen den der Eigentümer auf Unterlassung klagen kann.

Streitwert   Der Streitwert wird vom Gericht nach freiem Ermessen für den Einzelfall durch Beschluss festgesetzt.

Summarische Prüfung   Ist ein Verfahren als eilbedürftig anzusehen, kann das Gericht die Sachlage nur überschlägig beurteilen und unter Vorbehalt zu einer vorläufigen Entscheidung gelangen. Der Ausgang des Hauptsacheverfahrens wird durch eine solche Entscheidung nicht vorweggenommen.

Technische Anleitungen   Diese Bestimmungen legen Richtwerte fest, die bei der Errichtung und Änderung von Anlagen beachtet werden müssen, z. B.: die technische Anleitung zur Reinhaltung der Luft (TA Luft) und die technische Anleitung zum Schutz gegen Lärm (TA Lärm).

Umlegung   Die Neuordnung bebauter oder unbebauter Grundstücke, die die bauliche Nutzung einschränkt oder erweitert.

Erfährt ein Grundstück durch eine Umlegung eine Wertminderung, so hat der Besitzer unter Umständen einen Anspruch auf eine Entschädigung.

Umweltbundesamt   Bundesoberbehörde mit Sitz in Berlin. Aufgaben u. a.: Erarbeitung wissenschaftlicher Grundlagen für Rechtsvorschriften des Bundes auf den Gebieten Lärmbekämpfung, Luftreinhaltung, Umweltchemikalien, Bodenschutz, Abfall- und Wasserwirtschaft.

.

Untätigkeit der Behörde   Hat die Behörde über einen Nachbarwiderspruch oder über einen Antrag auf Vornahme eines Verwaltungsaktes nicht innerhalb von drei Monaten entschieden, ist eine Klage wegen Untätigkeit beim Verwaltungsgericht möglich.

Unterlassung, Unterlassungsanspruch Ein Anspruch auf Unterlassung ist dann gegeben, wenn die Störung durch bloßes Unterlassen unterbunden werden kann. Wird etwa nur gegen die Lichtblitze einer Windenergieanlage geklagt, so reicht zur Beseitigung dieser Störung die Stilllegung der Anlage aus; eine Beseitigung der Störungsquelle selbst ist nicht erforderlich.

Ein Anspruch auf Unterlassung entfällt, wenn der Grundstückseigentümer zur Duldung verpflichtet ist oder wenn die Anlage „gemeinwichtig" ist.

Verpflichtungsklage Begehrt wird die Verurteilung zum Erlass eines abgelehnten oder unterlassenen Verwaltungsaktes.

Versicherung an Eides statt Mittel der Glaubhaftmachung in einem Prozess.

Verwaltungsakt Jede Verfügung, Entscheidung oder andere hoheitliche Maßnahme, die eine Behörde zur Regelung eines Einzelfalls trifft und die auf eine unmittelbare Rechtswirkung nach außen gerichtet ist.

Verwaltungsgerichtsbarkeit Die Verwaltungsgerichtsbarkeit umfasst die Instanzen Verwaltungsgericht, Oberverwaltungsgericht und Bundesverwaltungsgericht.

Vorverfahren   Bevor eine Anfechtungsklage erhoben werden kann, sind Rechtmäßigkeit und Zweckmäßigkeit des Verwaltungsaktes in einem Vorverfahren zu klären. Dieses wird durch den Nachbarwiderspuch in Gang gesetzt.

Widerspruch   Jedes Vorverfahren beginnt mit der Erhebung eines Widerspruchs.

Siehe auch Nachbarwiderspruch.

Widerspruchsbescheid   Die schriftliche Antwort der Behörde auf einen Nachbarwiderspruch. Sie muss begründet und mit einer Rechtsmittelbelehrung versehen sein.

Zwangsmaßnahmen   Den Behörden stehen zur Durchsetzung des Gerichtsurteils als Zwangsmittel zur Verfügung: Ersatzvornahme, Zwangsgeld und unmittelbarer Zwang.

Hilfreiche Adressen

Ansprechstellen für Bürgerbeschwerden (Umwelttelefon)

- Baden-Württemberg: Umweltmeldestelle der Landesregierung in Stuttgart, Tel.: 07 11/1 26-26 26
- Bayern: Umweltschutztelefon der Stadt München, Tel.: 0 89/2 33 66 66
- Berlin: Umweltschutztelefon bei der Senatsverwaltung, Tel.: 0 30/25 86 21 16
- Brandenburg: Landesumweltamt, Tel.: 03 31/3 23-0
- Bremen: Umweltschutztelefon Senator f. Umweltschutz, Tel.: 04 21/1 36 16
- Hamburg: Umweltschutztelefon der Umweltbehörde, Tel.: 0 40/34 35 36
- Hessen: Hess. Landesanstalt für Umwelt, Tel.: 06 11/69 39-0
- Mecklenburg-Vorpommern: Umweltministerium, Tel.: 03 85/5 88-0
- Niedersachsen: Umweltministerium, Tel.: 05 11/1 04-0
- Nordrhein-Westfalen: Umweltschutztelefone der Bezirksregierungen Arnsberg, Tel.: 0 29 31/82 26 66; Detmold, Tel.: 0 52 31/71 11 22; Düsseldorf, Tel.: 02 11/49 77 44 44; Köln, Tel.: 02 21/16 33 22 22; Münster, Tel.: 02 51/4 11 33 00
- Rheinland-Pfalz: Landeszentrale für Umweltaufklärung, Tel.: 0 63 13/16-1
- Saarland: kein spezielles Umwelttelefon (Min. für Umwelt, Tel.: 06 81/5 01-1)
- Sachsen: kein spezielles Umwelttelefon (Ministerium f. Umwelt u. Landesentwicklung Dresden, Tel.: 03 51/4 86-20)
- Sachsen-Anhalt: kein spezielles Umwelttelefon (Landesamt f. Umweltschutz Halle, Tel.: 03 45/20 50)
- Schleswig-Holstein: kein spezielles Umwelttelefon (Min. für Natur und Umwelt Kiel, Tel.: 04 31/2 19-0)
- Thüringen: kein spezielles Umwelttelefon (Landesanstalt für Umwelt Jena-Göschwitz, Tel.: 0 36 41/5 94-0)

Initiativen und Dachorganisationen

Beratungsstellen bei Fragen zum Lärmschutz

DAL-Deutscher Arbeitsring
für Lärmbekämpfung e. V.
Postfach 30 02 20
40402 Düsseldorf
Tel.: 02 11/48 84 99
Fax: 02 11/44 26 34

Bundesvereinigung gegen
Fluglärm e. V.
Westendstraße 26
64546 Mörfelden-Walldorf
Tel./Fax: 0 61 05/93 82 38

Gesellschaft für Lärm-
bekämpfung e. V. (GFL)
c/o Aktionszentrum Umweltschutz
– AZU
Kaiserdamm 80
Tel.: 0 30/3 01 56 44
Fax: 0 30/3 01 90 16

Bundesverband der Haus-, Woh-
nungs- und Grundeigentümer e. V.
Cecilienallee 45
40474 Düsseldorf
Tel.: 02 11/4 78 17-0

Umweltbundesamt
Zentraler Antwortdienst –
Postfach 33 00 22
14191 Berlin
Tel.: 0 30/89 03-0
(Zentrale: Bismarckplatz 1,
14193 Berlin)

Adressen von Rechtsanwälten

Anwaltsuch-Service GmbH
Unter den Ulmen 96–98
50968 Köln
Tel.: 01 80-5 25 45 55
Fax: 02 21/93 73 89 61
Internet: http://www.anwalt-
suche.de

Anwaltverzeichnis auf CD-ROM
CD-ROM im Buchhandel zu
bestellen

Bundesrechtsanwaltskammer
Joachimstr.1
53113 Bonn
Tel.: 02 28/9 11-8 60

Deutscher Anwaltsverein
Geschäftsstelle
Adenauerallee 106
Postfach 19 01 04
53113 Bonn
Tel.: 02 28/26 07-0

Literaturhinweise

Alheit, Helmward: Nachbarrecht von A–Z, München

Borrmann, Bernd/Greck, Jörg: Abwehr ideeller Immissionen im Grundstücksrecht, in: ZMR 1989, Heft 4, 130–132

Dahmen, Thomas: Umgang mit Ämtern und Behörden, Frankfurt/M.

Degenhart, Christoph: Genehmigungsfreies Bauen und Rechtsschutz des Nachbarn, in: NJW 1996, Heft 22, 1433–1439

Drews, Gerald: Dürfen Nachbarn alles? München

Finkelnburg, Klaus/Jank, Klaus Peter: Vorläufiger Rechtsschutz im Verwaltungsstreitverfahren, München

Fritzschke, Jörg: Die Durchsetzung nachbarschützender Auflagen über zivilrechtliche Abwehransprüche, In: NJW 1995, Heft 17, 1121–1126

Glaser, Hugo/Dröschel, Wilhelm: Das Nachbarrecht in der Praxis, Herne/Berlin

Hofmann, Harald/Gerke, Jürgen: Allgemeines Verwaltungsrecht, Köln

Klindt, Thomas: Negative Immissionen im Nachbarrecht des BGB, in: ZMR 1993, Heft 5, 204–207

Mache, Hans-Michael: Umweltrecht, Frankfurt/M.

Merkl, Joachim: Ihr Recht als Nachbar, Bonn

Otto, Franz: Gesetzesänderung: Duldung und Abwehr von Immissionen aus der Nachbarschaft, in: ZMR 1995, Heft 4, 147–149

Schlotterbeck, Karlheinz: Nachbarschutz im anlagenbezogenen Immissionsschutzrecht, in: NJW 1991, Heft 42, 2669–2677

Treder, Lutz/Rohr, Wolfgang: Prüfungsschemata Verwaltungsrecht, Heidelberg

Umweltbundesamt (Hrsg.): Behördenführer – Zuständigkeiten im Umweltschutz, Berlin

Umweltbundesamt (Hrsg.): Was Sie schon immer über Lärmschutz wissen wollten, Stuttgart, Berlin, Köln (zit. als „UBA, Lärmschutz")

Vieweg, Klaus/Röthel, Anne: Der verständige Durchschnittsmensch im privaten Nachbarrecht, in: NJW 1999, Heft 14, 969–975

Vogel, Heinz-Wilhelm: Musterverträge – Reklamationsbriefe, Regensburg/Berlin

Walterskirchen, Helene: Rechtsanwälte vorteilhaft einsetzen, Regensburg/Berlin

Welser, Maria von/Walde, Thomas (Hrsg.): So wehre ich mich richtig, München, Düsseldorf

Würtenberger, Thomas: Verwaltungsprozessrecht, München

Findex

Findex